Wolfgang Laub

Burn-out und Mobbing - Opfer sind keine Versager [sondern eher Helden]

Wolfgang Laub

Burn-out und Mobbing - Opfer sind keine Versager [sondern eher Helden]

Hinweise zur Selbsterkenntnis und Hilfen, Mut Machendes für Betroffene, Angehörige, Rat gebende

Trainerverlag

Impressum / Imprint
Bibliografische Information der Deutschen Nationalbibliothek: Die Deutsche Nationalbibliothek verzeichnet diese Publikation in der Deutschen Nationalbibliografie; detaillierte bibliografische Daten sind im Internet über http://dnb.d-nb.de abrufbar.

Bibliographic information published by the Deutsche Nationalbibliothek: The Deutsche Nationalbibliothek lists this publication in the Deutsche Nationalbibliografie; detailed bibliographic data are available in the Internet at http://dnb.d-nb.de.

Coverbild / Cover image: www.ingimage.com

Verlag / Publisher:
Der Trainerverlag
ist ein Imprint der / is a trademark of
AV Akademikerverlag GmbH & Co. KG
Heinrich-Böcking-Str. 6-8, 66121 Saarbrücken, Deutschland / Germany
Email: info@verlag-trainer.de

Herstellung: siehe letzte Seite /
Printed at: see last page
ISBN: 978-3-8417-5059-4

„Burn - out und Mobbing- Opfer sind keine Versager

(sondern eher Helden)“...

Hinweise zur Selbsterkenntnis und weitere Hilfen für Betroffene,

Angehörige und Beratende

Inhaltsverzeichnis

Über den Autor

Wolfgang Laub ist Systemischer Berater, Therapeut und Dipl.- Pädagoge, freiberuflich in eigener Praxis tätig. Mitglied im Verband Freier Psychotherapeuten, Psychologischer Berater, ... VFP.

Studium in Erziehungs- und Politikwissenschaften, Psychologie und Soziologie. Fortbildung in Sonderpädagogik, Sozialmanagement, systemische Beratung und (Familien-) Therapie. Zertifiziert als Umgangspfleger und Verfahrensbeistand in Kindschaftssachen ("Anwalt des Kindes").

Vom Gesundheitsamt zugelassener Heilpraktiker für Psychotherapie.

Über 20 Jahre tätig auch als Sozialarbeiter, Heimleiter, Pädagoge/ sozialpädag. bzw. – therapeut. Betreuer in Kinder- und Jugendwohnheimen, Jugend-, therap., integrativen und Senioren- WGs sowie Einrichtungen für psychisch bzw. körperlich kranke, beeinträchtigte, traumatisierte Menschen aus vielen Nationen.

Berufliche und ehrenamtliche Leitung div. Projekte, auch von Ministerien empfohlene - auf Feldern der Kinder-, Jugend, Senioren- und Benachteiligtenhilfe und im Bildungsbereich. Seine Gewinne aus diesem Buch spendet er auch gemeinnützigen Projekten.

Widmung

W. Laub musste selbst auch einige schwere Schicksalsschläge verarbeiten. Vor allem den sehr schmerzvollen Verlust seiner Eltern. Er widmet sein ganzes Wirken seinen „innigst geliebten, wundervollen, liebsten Eltern, Schwestern und Sohn “. Was er von diesen und anderen Menschen in seinem Leben an Hilfen und unendlich Wertvollem bekam möchte er gerne auch anderen Mitmenschen „zurückgeben“.

I. Einleitung, grundlegende Gedanken und Informationen

Von Burn-out und Mobbing - das gibt es heute z. B. schon in zumindest jeder 2. Schulklasse! - ist heute fast jede Familie betroffen. Dutzende Millionen Menschen. Der „Focus“ titelte bereits 2011 auch sogar schon mit „Generation Burn-out“. Laut einer aktuellen Untersuchung der TK und dem F.A.Z.-Institut (zitiert in der „TK aktuell“ 3/2012), empfinden heute bereits „Acht von zehn Personen ihr Leben als stressig. Jeder dritte Befragte steht unter Dauerdruck und jeder Fünfte leidet bereits unter gesundheitlichen Stressfolgen wie Schlafstörungen“. Trotzdem fühlen sich die meisten Opfer von Burn-out und Mobbing- was auch oft zusammen auftritt- als Außenseiter, Versager, schlechte oder schwache Menschen. Das ist aber falsch und fatal, kann sogar tödlich enden. Einige exemplarische Beispiele, Denkanstöße und Informationen- natürlich auch über mögliche Hilfen, Tipps - finden Sie (zumindest für einen ersten Überblick) hier.

Und auch Hinweise darauf, dass Deutschland hier bisher zu großen Teilen alles andere als vorbildlich ist, viel mehr noch viel dazulernen muss- auch von anderen Ländern. Im „Großen“ wie im – für Betroffene aber äußerst bedeutend- „Kleinen“! Wozu auch immer wieder viele Menschen, auch Betroffene, aufrufen. So z. B. in der „Hamburger

Morgenpost“ vom 1. 9. 2012, am (wenn dort auch eher zufällig) „Antikriegstag“ also – und liest man da die vielen Berichte von Betroffenen von Mobbing und deren Angehörigen durch sieht man wirklich, dass das brutaler Krieg gegen deren Seelen ist (ebenso wie „Burn-out“ – was nach Mobbing zudem oft auch noch folgt). Opfer „von der 1. Klasse an“. Ja, in der Grundschule- oder noch früher! Laut einer aktuellen Forsa- Umfrage wird heute bereits jedes 8. (!) Kind in Deutschland gemobbt, auch mittels des Internets. Also auch in sehr – z. B. Vertrauen in sich oder andere Menschen- prägenden (bzw. ggf. auch dann zerstörenden) Jahren. Und, so erklärt dort eine Betroffene: „Kein Mobbing-Opfer wird je vergessen, was ihm angetan wurde“- sagt sie heute, 40 Jahre (!) nach den Taten. Denn ja, in der Tat: Die Zeit ist eine mächtige Meisterin, heilt einige Wunden – aber meistens ja doch auch nur, wenn sie auch zumindest etwas versorgt wurden! Das gilt natürlich gerade auch für seelischen – aber auch psychosomatischen, körperlichen - Schmerz durch z. B. Mobbing oder Burn-out. Gerade in Deutschland verbreiteter Unfug wie „Was uns nicht umbringt ... „ oder „Indianer kennen keinen Schmerz“ (was natürlich völliger Unsinn ist) verhindern aber oft, dass sich schwer Leidende Hilfe suchen, z. B. eines Arztes oder Psychotherapeuten. Wie sehr nötig das sein kann beschreibt aber ein anderes der o. g. Mobbing-Opfer: „Ich habe drei Selbstmordversuche hinter mir, bin seit einem Jahr in Therapie“. Richtige Hilfe empfand ansonsten kaum jemand (zumindest nicht von außerhalb der Familie). Wie etwa eine Mutter bezüglich der Peinigerin ihres Kindes, die im wahrsten Sinne der „das Leben zur Hölle machte“ berichtet: „Von der Schulleitung bekam das Mädchen ein „Du, du, du- das darfst du nicht“ zu hören. Das war s. Meine elfjährige Tochter weiß jetzt ganz genau, was eine `Nutte` und `fette Prostituierte` ist. Sie denkt sie wäre hässlich, dumm und fett“. Selbstzweifel, die ohne Hilfe nicht selten viele Jahrzehnte anhalten, auch Leben lang! Auch bei schönsten, tollsten Menschen. Und das waren eher noch die einigermaßen zitierbaren Beispiele, ohne dass einem noch mehr schlecht wird. ... Ein heute 31 jähriger berichtet zudem z. B. auch von brutalem Mobbing inkl. Hänseleien, Körperverletzungen usw. vor ca. 20 Jahren: „Die Täter agieren nicht alleine und decken sich gegenseitig. Die Lehrer haben dann immer den anderen geglaubt und dachten ich spinne und alles sei nur ausgedacht (...). Obwohl ich das Opfer war, wurde ich zum Schuldigen erklärt“. Gerade das, diese Verdrehung – aber auch andere beschriebene Abläufe – hat sich bis heute, wie auch viele andere unzählige Beispiele nicht nur dort zeigen, kaum geändert! Dann auch noch mit immer noch mehr Verdrehen der Rollen bzw. Tatsachen, der Opfer und Täter- wie er, das Opfer, auch beschreibt: „Mir wurde angelastet ich sei faul und schlösse mich aus der Klassengemeinschaft aus“. Tja – warum wohl, bei berechtigter extremer Angst vor Mitschülern, Tätern, Schule? Ohne ausreichend oder auch nur etwas Unterstützung, Schutz ... Zig Tausende, Millionen Deutsche – und ganz sicher nicht die „Schlechtesten“ (von ihrer Leistungsfähigkeit und Persönlichkeit) bekommen so große Probleme in der Schule und somit im Leben bzw.

Beruf – wenn sie dann überhaupt noch einen finden. Auch wenn besagter Mann dies trotz allem tat – auch als positives Beispiel (ebenso wie es auch Millionen andere Menschen gab, die Mobbing und Burn-out überstanden haben).. Er nennt sogar auch noch andere Länder als bessere Beispiele für mehr Unterstützung: „In England zum Beispiel gibt es Guardian Angels – Ehrenamtliche, die an Schulen Präsenz zeigen, auf Opfer zugehen und helfen. So etwas sollte auch bei uns eingeführt werden". Dass aber hier und generell bei diesem Thema bei Weitem nicht nur Bürger in die Pflicht genommen werden müssen wird hier auch noch zu sehen sein. Es geht hier auch gerade um Verantwortung von Politik, Wirtschaft, auch Behörden, Ministerien und anderen Verantwortlichen.

Ebenso wie bei „Burn-out". Auch hier ist es ja nicht so, dass die Menschen sich heute Probleme bzw. Stress „machen". Man hat (faktisch) heute in der Regel einfach viel zu viel Stress – und damit auch viele Probleme! Ein Garant für Burn-out sind neben diesem objektiven Stress zudem zu hohe Erwartungen, Ansprüche – von anderen Menschen (bzw. auch „Tugenden" – selbst heute z. B. noch „preußische"), dann oft aber auch noch selbst übernommene. Und „schwache Menschen" gibt es nicht – viele schwachsinnige, überfordernde Umstände, Bedingungen im Alltag und Beruf und überhöhte Erwartungen, Forderungen an Menschen aber durchaus!

Das trifft natürlich auch gerade besonders fleißige, ehrenwerte, sozial, kollegial eingestellte Menschen. Also eigentlich solche mit sehr guten Tugenden. Denen fällt es dann aber auch schwerer „nein“ zu sagen (ein wahres – aber oft nicht leichtes - Zauberwort gegen Burn-out und auch Mobbing, gegen überfordernde bzw. schlechte Umstände, Anforderungen, Menschen ...!). Weil sie auch sehr hohe – oft auch soziale – Ansprüche an sich haben. Ja auch aller Ehren wert. Nur eben leider auch gut auszunutzen, zu überfordern. Zumal wenn man immer nur mit „besonderen“ Leistungen zufrieden ist. Heute ist es ja aber normalerweise schon alleine eine ungeheuere positive Leistung „nur“ zu überleben, den Alltag zu überstehen! Es ist unbedingt, existenziell nötig das nicht nur als „Selbstverständliches“ zu sehen. Das als nicht „selbstverständlich“ zu sehen kann Leben retten! Denn wenn man das gar nicht mitrechnet bei dem, was man alltäglich leisten muss, leistet, wird man seine verbleibenden Kräfte für „Sonstiges“ (besondere, außergewöhnliche Leistungen, Anstrengungen) völlig überschätzen und damit diese, sich ruinieren! Sich zudem auch zu wenig Ruhe- und Erholungszeiten einplanen ... (bzw. diese nie ruhigen Gewissens genießen, nutzen). *Was wirklich tödlich enden kann, auch schon bei jüngeren Menschen*!

Zudem, wirklich: Nobody is perfect. Und der zu große Wunsch nach Perfektion kann Menschen wirklich auch völlig ausbrennen – von sich viel zu viel fordern (lassen)! Aber auch der stärkste Motor bzw. Körper, Geist brennt bei ständiger Überforderung aus. Dann kann man auch nicht mehr so für Mitmenschen da sein, wie man es gerne möchte. In der Tat, wie es sinngemäß in einem Lied X. Naidoos

heißt, gilt es dann erst einmal sein eigenes Leben zu retten – bevor man sich wieder (mehr) um andere Menschen kümmern kann!
Und es allen recht zu machen wollen auch in allen Ehren: Aber das geht nicht, sollte man auch nicht – und perfekte Menschen sind auch nicht erstrebenswert (was auch beides noch später erörtert wird).
Das Beste geben – gut. Aber bitte nur das *Menschen-*mögliche! Wir sind leider – oder zum Glück - keine Götter oder unverwundbare Superhelden, Maschinen, Roboter ...
Jeder Mensch wird auch gebraucht, kann wertvoll sein– aber ohne sich dafür kaputt zu machen (lassen)! Anerkennung bei anderen Menschen, im Job usw. nur durch Leistung suchen zu wollen (und vielleicht auch noch mit ständig viel zu hoher oder unangemessener)– und nicht auch „nur" einfach wie man ist (bzw. auch „nur" *angemessene, passende* Leistungen) führt auch zwangsläufig in den „Burn-out". Zumal man als „Belohnung" für gute, immer bessere und größere Leistungen auch oft nur immer noch höhere Messlatten bekommt – die irgendwann auch stärkste Menschen überfordern. Man ist ja mit Burn-out auch kein Versager – sondern *Kräfte, Körper und Geist versagen natürlich bei viel zu hohem, langem Druck, Anforderungen und Stress*! Insofern ist Burn-out sogar oft wirklich noch eine – manchmal (aller-)- letzte Chance zurück zu gehen in ein auf Dauer gesünderes und zufriedeneres Leben. Bzw. überhaupt (zurück) ins Leben – und auch oft gegen Suizid oder sonstigen Tod! Ein Weckruf, auch für „lebe deinen Traum", dein Leben, deinen Weg ... Statt das Leben zu

verschlafen bzw. auf der ständigen Überholspur (daran vorbei) in den Abgrund zu rasen. Auch um sich überhaupt wieder einmal über „seinen Weg" („my way") Gedanken zu machen (und den auch nur so ja auch gehen zu können!). Auch um wieder - ganz entscheidend gegen Burn-out- mehr zu lernen Positives zu registrieren (an sich und im Leben, ggf. auch Beziehungen usw.). Was man auch alles Positive hat und alltäglich leistet, tut- auch „nur" Kleinigkeiten- in der Summe aber sehr viel, qualitativ noch viel mehr ... Und Träume sind oft so bescheiden und auch erfüllbar ... Zumindest einige, wenn man sich (endlich) mehr damit beschäftigt, Zeit dafür nimmt – für „große" und „kleine" Träume und Wünsche (auch z. B. „nur" mehr Zeit für sich und seine Liebsten, seine Hobbys, Interessen, ...).

Das tun Menschen heute aber oft bis in ihr Rentenalter nicht. Und jeder dritte Deutsche erreicht sein Rentenalter gar nicht mehr! Gesund noch weniger ... (und Männer und Frauen mit nicht sehr hohen Einkommen leben - nachzulesen z. B. bei Lampert- fast 10 Jahre kürzer als andere – und das noch heute, im „demokratischen Sozialstaat" Deutschland!). Dann ist es also für zig Millionen Menschen zu spät zum „Träume ausleben"!
Zumal kranke Gesellschaften – wie sicher auch zu großen Teilen unsere – ja (gerade auch) die besten, stärksten Menschen krank machen. Und in Deutschland ist das Gesundheitssystem ja auch nicht immer sehr hilfreich – sondern oft eher eine Haupt-Problem- Ursache..

Man sollte aber auch wirklich nie die Hoffnung aufgeben. Auch beim Bewältigen von Burn-out (und Mobbing): Man wächst auch hier mit den Aufgaben, Übung macht den Meister ... Aller Anfang ist schwer dagegen, es sieht oft unmöglich aus – aber dann wird es, mit guter Unterstützung, auch leichter. Und man hört oft gerade dann auf zu gehen, wenn man kurz vor dem Durchbruch steht. Z. B. sich einen Termin bei einem Arzt oder Therapeuten geben zu lassen. Man sollte wirklich nicht aufgeben. Unverhofft kommt wirklich auch oft ... Und auch oft *gerade kurz bevor man Hoffnung aufgibt*. Es geht wirklich immer irgendwie weiter. Selbst „Wunder" gibt es ja doch immer wieder, immer öfter! Wie ja gerade auch z. B. in der jüngeren Vergangenheit viele, auch politische, Entwicklungen zeigten. Nicht zuletzt in Deutschland- wo eine Mauer, die angeblich „nie fallen" sollte nun ja ebenso fiel wie das „Tausendjährige Reich" usw.

Aber „Wunder“, Fortschritte kommen auch nicht von alleine. Und bezüglich Mobbing und Burn-out gibt es hier wahrlich noch sehr viel zu tun! In Deutschland hat sich so in den letzten 6 Jahren auch die Zahl der Burn-out Betroffenen fast verzehnfacht (!). Es betrifft, wie z. B. in einer Studie der AOK bestätigt, eine immer weiter steigende Zahl von Menschen (demnach hat sich bei z. B. über 10 Millionen untersuchten „Arbeitnehmern“ in Deutschland die Zahl der Burn-out-Diagnosen zwischen 2004 und 2010 verneunfacht!). Alleine das und die o. g. Zahlen, auch bezüglich Mobbing - zusätzlich ja auch noch unter Erwachsenen - zeigt ja schon, dass es nicht nur wenige Menschen, Außenseiter, betrifft- sondern fast schon eher die Regel ist in unserer Generation (eben "Burn-out" – bzw. auch Mobbing) ...

Trotz allen schon sonstigen enormen Leiden dabei: Ein Haupt-Problem ist, dass Betroffene sich als schwach, dumm, hässlich, „Versager“ und dergleichen fühlen. Und deshalb auch kaum der Unterstützung wert – z. B. eines Lehrers, Therapeuten oder auch Anwaltes bzw. von der Polizei. Und so auch nicht als stark und klug genug um sich zu wehren bzw. helfen zu lassen. Weil auch immer wieder, selbst in seriösen Medien - wenn auch in nette Worte gekleidet - verbreitet wird, dass die Opfer halt eben doch Außenseiter sind. Mit irgendwelchen (negativen) Besonderheiten, Schwächen bzw. eben halt nicht so toll, hipp etc. wie der Rest. Aber *das Gegenteil* ist sogar gerade meistens der Fall (zumindest gibt es ja auch keine nur dummen und schwachen oder hässlichen Menschen – und ob immer so „hipp“ zu sein gut, nötig ist? Doch sicher, gerade heute, nicht!).

Gerade starke, schöne, herzliche Menschen, nicht zuletzt sehr sozial eingestellte- die sich auch viel um nahestehende oder fremde Menschen kümmern- „Helden des Alltags“ sind heute auch betroffen – die haben aber auch große Ressourcen, um sich zu wehren (mit Unterstützung). Die prominenten Burn-out Opfer (wie z. B. Herr Hitzfeld, Kahn, Rangnick usw.) sind ja auch die stärksten, erfolgreichsten ihrer Zunft und nicht „schwache“. Oft auch mit sehr großem sozialen Engagement. Und auch mit viel „Feuer“, nur dann kann ja auch etwas „ausbrennen“ ...
Erst wenn das, ihre Stärken, Betroffene erkennen sehen sie sich auch der Unterstützung wert – und in der Lage sich zu wehren. Stark genug dafür zu sein - und das sind sie, auch wenn sie gerade sich nicht so stark fühlen, ihr „Akku“ gerade nicht aufgeladen ist - mit Hilfe - die jeder Mensch ja auch einmal braucht! Auch die Stärksten! Gerade guten / leistungsstarken Menschen wird aber auch oft zu viel des Guten aufgebürdet, zu viel ihrer *guten (!)* Fähigkeiten, Seiten abverlangt. Ausgenutzt, geneidet, gequält ... Was natürlich ausbrennt (mit Folge von „Burn-out“ und dergleichen). Gerade tolle, starke, schöne, soziale, helfende Menschen rufen zudem ja auch viele Neider hervor. Und werden so Opfer von z. B. auch Mobbing. Eigentlich logisch. Nur für die Betroffenen, Opfer – manchmal auch Familien - natürlich kaum zu sehen- wenn sie ständig mies

gemacht werden und ihnen ihre gute Seiten nicht genug von Anderen bestätigt werden (auch von Medien aber last, not least Freunden, Partnern, der Familie, Lehrern etc. -bzw. auch Kollegen oder Chefs, was heute leider ja auch eher die Ausnahme ist, usw.). Deshalb, bitte:

Wird Opfern von Burn-out und Mobbing bewusst (gemacht), dass sie gerade betroffen sind, weil sie *tolle* Menschen – bzw. zumindest nicht „schlechte" - sind, können sie auch ihre Stärken zur Verteidigung nutzen. Und Unterstützung suchen, bekommen, besser bzw. überhaupt annehmen. Solange sie vermittelt bekommen, dass die Ursache darin liegt, dass sie „schwach", Außenseiter, „geborene Versager", Loser oder dergleichen sind, kann ihnen sicher kaum geholfen werden- was bis zum Suizid führen kann!
Oder auch „nur" dazu, dass sie nie ein erfülltes Leben führen, ihr Potenzial nutzen können - im Sinn einer „sich selbst erfüllenden Prophezeiung", in ihre Rolle gefügt des *vermeintlich* Schwachen, ggf. sogar Versagers („dumm geboren ...", „geborenen Losers" – das gibt es aber nicht!) ... Natürlich wäre es aber z. B. auch nie zum „Wunder von Bern" oder anderen Weltmeisterschaften bzw. „Sommer-märchen" z. B. im Fußball oder anderem Sport oder sonstigen menschlichen Errungenschaften gekommen, wenn die Trainer bzw. Lehrer, Ausbilder etc. den Spielern, Schülern usw. nur gesagt hätten was sie alles *nicht* können. Ständig über deren Schwächen geredet – statt gerade auch über Stärken (bzw. für tatsächliche Schwächen Hilfestellungen). Und nicht auch gesagt hätten, dass

natürlich frühere Misserfolge, Niederlagen nicht bedeuten müssen, dass man danach auch immer wieder verlieren muss. Nicht nur im Sport kann man aus solchen ja sogar wachsen, daraus lernen (das „Wunder von Bern“ mit dem 3:2 im Finale gegen Ungarn hätte es so ja z. B. wohl gar nicht gegeben ohne das 3:8 (!) kurz zuvor gegen den gleichen Gegner ... Der letzte CL- Triumph einer deutschen Mannschaft wird darauf zurückgeführt, dass die dramatische Niederlage im Finale davor die Spieler erst richtig motivierte usw.). Ebenso wie fast alle anderen großen Erfolge, nicht nur im Sport. Natürlich braucht man erst einmal einige Zeit um das zu verkraften (und in der Regel auch Unterstützung dabei). Aber mit der Zeit (und Unterstützung) ... Und im Sport, z. B. deutschen Fußball, sucht man heute gerade ja auch nach Menschen mit „Ecken und Kanten“, die auch etwas aus der Reihe fallen. Was ja aber also auch nichts Schlimmes, Schwaches, Negatives sein muss. Selbst vermeintlich tatsächliche „Macken“ – wo ja aber auch eher die Frage ist wie man diese, siehe oben - sieht bzw. nutzt! Aber wenn man Menschen als (geborene) „Loser“, „Versager“ abstempelt – bzw. dem nicht widerspricht - trauen die sich natürlich auch kaum noch etwas zu, auch zunehmend weniger, auch auf immer mehr Gebieten nicht. Und das auch oft auf Dauer. Wenn man z. B. „selbst schuld“ für etwas gemacht wird, wofür man in der Regel nichts kann (und dafür dann z. B. auch noch gehänselt wird). Wie z. B. eine Krankheit oder auch Arbeitslosigkeit. Wie auch beispielsweise zu sehen in der ZDF-Dokumentation „Auf der Suche nach dem Glück“ vom 17. 8.

2012. Wo auch der Leiter des Deutschen Institutes für Wirtschaftsforschung, G. G. Wagner, auf ganz klare Untersuchungen hinwies, die belegen, dass Arbeitslosigkeit und Krankheit eine sehr große Ursache für unzufrieden und unglücklich sein werden können. Auch noch Jahre danach (auch nach Arbeitslosigkeit, dann auch mit weniger Selbstvertrauen im Beruf und Problemen deshalb). Das kann natürlich auch dauerhaft depressiv machen – so dass man sich dann wirklich evtl. auch (etwas) „hängen lässt", evtl. auch „gehen lässt", zu wenig aus sich macht. Aber nicht weil man so ein schwacher, passiver Mensch ist – sondern evtl. dazu etwas gemacht wurde durch Jahre lange Arbeitslosigkeit, Armut, Chancen-und Perspektivenlosigkeit usw.! Das kann, ohne Ausnahme, *allen* Menschen so gehen- egal wie stark, schlau usw. sie sind. Regierungen könnten sich auch laut Wagner deshalb nicht mehr herausreden, dass das Menschen doch nicht ganz so belasten würde bzw. das nur „psychotherapeutische", „persönliche" Probleme wären. Und ja, in der Tat kann die Einstellung zu Dingen sehr entscheidend sein, zumal wenn man sie kaum ändern kann (politisch, wirtschaftlich wäre aber ja sehr wohl etwas gegen Arbeitslosigkeit zu tun von Verantwortlichen ... Worauf Herr Wagner auch hinwies. Nur als Betroffener davon hat man ja oft kaum Chancen). Aber dann ist ja wiederum entscheidend *welche* Einstellung geändert werden muss – z. B. *sich* zu sehr bzw. überhaupt zum Problem zu machen als „Außenseiter", „Kranker", „Arbeitsloser", auch „Behinderter" (oder auch „Ausländer", „Ossi" usw.)- und damit auch als „gefundenes Fressen" für z. B. Mobbing oder auch Burn-out (wenn man z. B. vermeintlich froh sein soll überhaupt einen Job annehmen zu dürfen, sei er auch noch so unerträglich, ausnutzend). Anstatt dass die wirklich Verantwortlichen (in der Wirtschaft und Politiker, siehe oben) aber endlich einmal ihre Verantwortung mehr übernehmen, sich nicht mehr länger herausreden und besser handeln – auch über nur Wahlkampfversprechen hinweg. Denn dann würden auch die Opfer solcher Politik bzw. Wirtschaft, Ökonomie nicht mehr letztlich zu (vermeintlichen) Tätern, Verantwortlichen, „Schuldigen" – und sie wären auch nicht mehr (da vermeintlich „selbst schuld" bzw. zu schwach, dumm, krank, ...) so ausnutzbar bzw. mögliche Opfer für Mobbing und Burn-out, wenn sie so dann auch besser geschützt werden würden! Zumal in o. g. Sendung auch die Neurowissenschaftlerin Prof. T. Singer vom Max-Planck-Institut in Leipzig bzw. Berlin darauf hin wies, dass die Einstellung im Denken, die Sicht der Dinge natürlich ganz entscheidend sein kann bezüglich Zufriedenheit, auch auf Dauer (wieder) möglichem Glücksempfinden. Wie soll man aber zufrieden, glücklich sein können, wenn man sich letztlich selbst schuld sieht an seinem Unglück, Not (bzw. auch noch dem seiner Partner, Familie, die ggf. auch unter Arbeitslosigkeit, Krankheit, Not bzw. anderen *vermeintlichen* „selbst verschuldeten Makeln bzw. Folgen daraus" leiden – bzw. dass man diese hat oder nicht mehr aus sich macht, deshalb sehr traurig bzw. depressiv wird)? Bzw. einem das von anderen – wenn auch völlig zu unrecht – eingeredet wird? Anstatt dass man, nötiger- und gerechtfertigterweise, viel mehr darin bestärkt

wird sich als guten Menschen sehen zu können! Natürlich auch – wie *jeder* andere Mensch auch- mit Schwächen ... Aber eben auch mit *garantiert sehr vielen Stärken*! Sich das zumindest auch wieder etwas vorstellen zu können- was extrem wichtig sein kann, ist- denn „Vorstellungskraft ist wichtiger als Wissen" sagte sogar Albert Einstein. Wenn man mit seinen Kräften bzw. mit seinem Selbstwertgefühl ziemlich am Ende ist braucht man dabei aber natürlich auch Unterstützung, gutes Zureden!
Selbst z. B. der nun mehrmalige „Weltfußballer" (und Millionär) L. Messi war in seiner Jugend ein sehr schwächliches Kind, wurde gehänselt ... Wäre ohne entsprechende Förderung, auch medizinische, wohl in einer „Sonderschule" und ggf. auf der Straße gelandet. Wie heute weltweit sicher auch völlig unnötig Milliarden (!) weitere Menschen.

Wie sehr – gerade *sehr gute, herzliche*- Menschen, die sich aber völlig zu Unrecht als Versager fühlten, litten und was sie alles zu leisten bzw. erleiden hatten wird ja viel zu oft auch erst nach deren Tod bekannt (nicht nur bei prominenten wie z. B. dem Nationaltorwart Robert Enke, ja auch *besten* seiner Zunft und auch sehr sozial engagiert) - da sollte man unbedingt früher achtsamer und aufmerksamer sein. Zumal solchen Menschen oft schwer fällt um Hilfe zu bitten bzw. das anderen Menschen deutlich zu signalisieren! Ebenso wie diesen, s. oben, auch ausreichend deren Stärken und mögliche Ressourcen, Unterstützungen signalisiert, „gespiegelt", gesagt werden sollten. Denn sonst denken

Betroffene ja, dass sie gar keine Chancen bzw. mögliche Unterstützungen haben können, was auch fatal sein kann. *Sich alleine stehend, auch alleine dadurch als „Außenseiter", fühlend.* Denn, so William James, Psychologe und Philosoph, ein Begründer der US-amerikanischen Psychologie: "Die größte Entdeckung meiner Generation ist die, dass der Mensch nur durch Änderung seiner Einstellung sein Leben ändern kann." Auch um – diese Ergänzung ist m. E. sehr wichtig – ggf. Umstände mit ändern zu können. Und die Einstellung zu möglicher Hilfe, ob es die gibt, und sich selbst ist dabei natürlich nochmals besonders wichtig – auch für Selbstbewusstsein, Selbstwertgefühl bzw. „Selbst-Wertschätzung"- gerade auch gegen Mobbing und Burn-out - bzw. vorbeugend und verteidigend dagegen. Bezüglich seiner Ressourcen aber auch der Schwere der Problematik ist wirklich wichtig ganz davon überzeugt zu sein. Denn „Man sieht nur, was man glaubt ..." (Maturana, H. R./ Varela, F. J. „Der Baum der Erkenntnis. Die biologischen Wurzeln des menschlichen Erkennens"). So z. B. eben auch das Gute, Starke in einem selbst. Fühlt man sich als „Loser", wird einem das eingeredet, wird man kaum etwas Positives an sich finden können! Aber auch die Schwere des Leidens und deshalb auch nötiger weise zu suchender Unterstützung kann man nur sehen, wenn man davon überzeugt ist!. Denn ja, „Wenn es einen Glauben gibt, der Berge versetzen kann so ist es der Glaube an die eigene Kraft" (M. von Ebner- Eschenbach).

Diesen Glauben muss man ja aber erst einmal finden bzw. vermittelt bekommen! Und Burn-out und Mobbing zu begegnen- bzw. diese erzeugende Umstände bzw. Menschen- bedarf wahrlich einiger Kraft (auch zum Übersteigen großer „Berge“). Die man aber nur haben kann, wenn man eben den Glauben daran behält bzw. (wieder) bekommt. An sich, das Gute in sich – aber auch dass es noch gute, helfende Menschen gibt. Wozu – alleine schon den Glauben (wieder) zu bekommen - man auch Unterstützung bedarf von Mitmenschen und diesbezüglichen Fachkräften. Sozusagen auch Bergsteigern, - Führern.

Zumal auch immer wieder –positiv – überraschend – ist wie Menschen oft sehr schnell geholfen werden kann (oft selbst nach, in andere Richtungen gehende, langen Therapien zuvor) wenn ihnen auch fachmännisch vermittelt wird, dass sie sich viel zu viele Vorwürfe machen (lassen)! Ja, *„gesegnet sind die, die uns vor der Selbstverachtung heilen. Unter all den Diensten am Menschen kenne ich keinen kostbareren“* (W. White).

Nur wenn man sich selbst auch nicht als „mies“, schwach, wenig wert fühlt wird man sich auch bessere Jobs und Partner, „Freunde“ suchen als miese (die einen mies behandeln bzw. ausnutzen). Bzw. tatsächlich gute Freunde, Partner bzw. Wertschätzungen, Lob auch als „verdient“ ansehen, annehmen bzw. finden können.

Es muss zudem, auch deshalb (damit man sich auch nicht als „selbst schuld“ oder zu schwach, keiner Hilfe wert sieht) immer wieder ganz klar benannt werden, auch von der Öffentlichkeit, dass natürlich *die Täter die dummen, schwachen (und bösen) Menschen sind*! *Und natürlich nicht die Opfer!*

Und sich Hilfe zu suchen ist auch wahrlich nicht schwach, sicher kein Zeichen von Schwäche, im Gegenteil:
„Nichts vermittelt ein größeres Gefühl von Stärke als ein Hilferuf“ [G. MacDonald].

Mit psychologischer bzw. (auch) rechtlicher bzw. polizeilicher Unterstützung bzw. der von Interessensvertretungen oder Verantwortlichen in Schulen, Betrieben usw. kann – nur – dann auch gut geholfen werden. Und das wirklich auch mit allem nötigem Mitgefühl und Verständnis – für die Opfer! – aber auch nötiger Härte, Konsequenz gegen die Täter! Milde, Gnade, Nachsicht, Güte, Mitgefühl in allen Ehren – am richtigen Platz. Aber bitte nicht am Falschen, übertrieben: „Der Klügere gibt nach. Eine traurige Wahrheit, sie begründet die Weltherrschaft der Dummheit"

(*M. von Ebner-Eschenbach).*

Und, wie z. B. der Mobbing-Experte Rupert Herzog in einem Interview bestätigte: Meistens genügt sogar schon die Ankündigung eines Rechtsanwaltes (auch über staatl. Stellen finanzierbar, z. B. mittels Beratungs- oder „Prozesskostenhilfe“) - und Seiten von z. B. Mobbing im Internet werden gelöscht. Er rät allen Mobbingopfern, sich mit einer Vertrauensperson, z. B. Eltern oder Lehrer, in Verbindung zu setzen und die Vorgangsweise zu besprechen. Denn bei der Tragweite des Ganzen braucht man immer, auch als stärkster Mensch, Unterstützung! Nicht zuletzt da Mobbing auch durch Internet, Handy und dergleichen ganz neue Dimensionen bekommt. Schon immer mehr Schüler sind so Opfer von z. B. „Cybermobbing“. Nach Herzog, Leiter der Mobbinginterventionsstelle der Kinder- und Jugendanwaltschaft in Oberösterreich, sind die Täter entweder naiv, weil sie nicht wissen, welche Tragweite das hat, oder schlicht böswillig. Die Folgen für die Opfer können aber auf jeden Fall verheerend, traumatisch, lebensbedrohlich sein! Das kann –ebenso wie Burn-out – natürlich auch depressiv machen, was wiederum alleine in Deutschland mindestens (!) 10. 000 Menschen jährlich in den Suizid treibt (vermutlich auch noch viele mehr, hier sind Dunkelziffern sehr hoch). Im Internet bekommt Mobbing zudem eine ganz neue Qualität. „Mit den Demütigungen richtet man sich an ein Millionenpublikum, und es lässt sich nicht mehr rückgängig machen, weil man auch nach dem Löschen der Inhalte nicht weiß, wer es bereits gelesen oder heruntergeladen hat“, sagt dazu R. Herzog. Die „Gefällt- mir“- Funktion bei Facebook und dergleichen hilft zudem, dass sich noch mehr, einfacher ans Mobbing anhängen können als im realen Leben. Herzog weist auch darauf hin, dass man zumindest wegen übler Nachrede, Verleumdung, gefährlicher Bedrohung und ähnlichen Tatbeständen belangen kann. Zumal es fast immer Nachweise gibt und Täter i. d. R. sogar leicht – von entsprechenden Fachleuten z. B. bei der Polizei - zu finden sind: „Mobbing bedeutet Erhöhung durch Erniedrigung, das bedeutet, dass die Täter bekannt sein möchten.“ Werden diese gefunden und (auch öffentlich) verurteilt bzw. bestraft ist aber auch für Opfer und andere Menschen richtig gestellt, wer hier „schuldig“ ist (und schwach, dumm, ...). *Die Täter*!

Gänzlich problematisch wird es natürlich nur (erst), wenn das Ganze verharmlost wird bzw. Opfern diese Möglichkeiten nicht aufgezeigt werden – bzw. sie sogar noch zu Mit- Tätern, letztlich also selbst (mit)schuld gemacht werden. Wenn auch „nur“ durch die Blume (aber so auch schwerer zu erkennen) ... Und auch nicht genug unterstützt. Auch dabei sich überhaupt als *im Recht* (bzw. als *unverschuldetes Opfer*) zu fühlen. Was ja auch die Voraussetzung ist, damit man sich überhaupt, ggf. auch rechtliche bzw. polizeiliche, Unterstützung sucht.

Zumal immer wieder sehr Opfern geraten wird, dass sie doch daran arbeiten sollen nicht so gutmütig zu sein, somit ausnutzbar (bzw. sich nicht so viel gefallen lassen sollen). Das mag teilweise nötig sein, um sich besser schützen zu können – gesunde Vorsicht. Aber das darf doch nicht der alleinige Aspekt sein! Die, die vor allem etwas ändern müssen bzw. woran etwas geändert werden muss sind doch *die Täter*, die andere ausnutzen bzw. schikanieren! Bzw. Umstände, Bedingungen, Strukturen- dass so etwas so oft, oft ungehindert und stark passieren kann. Und nicht die Ausgenutzten bzw. Schikanierten sind „das Problem“!

Zumal die Täter oft auch im Vornherein doch sehr schwer erkennbar sind- selbst für Fachleute!

Und dass wir außer in einer „Generation Burn-out“ auch noch in einer „Generation Mobbing“ leben, was auch unheimlich viele Menschen betrifft mit brutalen Folgen, ist z. B. auch dem Artikel zu „Mobbing“ auf Wikipedia zu entnehmen. Hier ein Auszug daraus (hier Stand 31. 5. 2012, genauere Quellenangaben s. bei Interesse bitte dort) mit auch sonst noch ggf. Hilfreichem und Wissenswertem daraus:

„Mobbing oder Mobben (von englisch to mob „anpöbeln, angreifen, bedrängen, über jemanden herfallen“ und mob „Meute, Gesindel, Pöbel, Bande“) steht im engeren Sinn für „Psychoterror am Arbeitsplatz mit dem Ziel, Betroffene aus dem Betrieb hinauszuekeln.“[1] Im weiteren Sinn bedeutet Mobbing, andere Menschen ständig bzw. wiederholt und regelmäßig zu schikanieren, zu quälen und seelisch zu verletzen,[2] beispielsweise in der Schule (Mobbing in der Schule), am Arbeitsplatz, im Sportverein, im Altersheim, im Gefängnis[3] und im Internet (Cyber-Mobbing). Typische Mobbinghandlungen sind die Verbreitung falscher Tatsachen, die Zuweisung sinnloser Arbeitsaufgaben, Gewaltandrohung, soziale Isolation oder ständige Kritik an der Arbeit.[4] (...)

Verlaufsformen des Mobbings

Am Arbeitsplatz wird zwischen Mobbing seitens Vorgesetzter und solchem, das von Mitarbeitern gleicher oder unterer Rangfolge ausgeht, unterschieden. In der Literatur wird ersteres teilweise als „Bossing“ (englisch downward bullying) und letzteres als „Staffing“ (englisch upward bullying) bezeichnet.[11] Der Psychoterror, der von in der betrieblichen Hierarchie höher platzierten Personen ausgeübt wird, kommt in Deutschland in 40 Prozent der Fälle vor, in weiteren zehn Prozent mobben Chef und Mitarbeiter gemeinsam. Einige Experten gehen sogar von einer Bossing-Quote von 70 Prozent aus.[12] Dagegen wird nur in zwei Prozent aller Fälle ein Vorgesetzter von seinen Untergebenen gemobbt. Hinzu kommt horizontales Mobbing (englisch horizontal bullying); das heißt, der Betroffene wird von hierarchisch gleichgestellten Kollegen gemobbt. Mehr als 20 Prozent aller Mobbingopfer bezeichnen einen Kollegen als Täter. Etwa gleich viele Betroffene geben an, dass das Mobbing von einer Gruppe von Kollegen ausgeht. Etwas weniger als 15 Prozent aller Mobbingopfer in Deutschland sind davon überzeugt, dass sie sowohl von ihrem Vorgesetzten als auch von Kollegen gemobbt werden.[13] Hinsichtlich der Urheber ist seitens der IG Metall folgende Häufigkeitsverteilung festgestellt worden:

44 %: Kollegen, 37 %: Vorgesetzte

10 %: Kollegen und Vorgesetzte gemeinsam

9 %: Untergebene. [14]

Aktuelle, jährliche und gesamte Mobbingquote
Die Schätzungen für die momentane Zahl der Mobbingbetroffenen in Deutschland belaufen sich auf über 1.000.000 Erwerbstätige (2,7 %).(...)

Gewerkschaften und Forscher berichten, dass einige Unternehmen Mobbing als Strategie verwenden, um (bestimmte) Mitarbeiter zur Kündigung zu bewegen und um somit Kündigungsschutz-Vorschriften oder Abfindungszahlungen unterlaufen.[39] [8](...)

Beruflich kann Mobbing zu Kündigung, Versetzung und Erwerbsunfähigkeit des Opfers führen.[13]. Laut Mobbing-Report erkranken 43,9 % der Betroffenen wegen Mobbing, wovon fast die Hälfte davon länger als sechs Wochen krank wird.[13] Posttraumatische Belastungsstörungen gelten beispielsweise als gesundheitliche Mobbingfolgen.[22]

Die privaten und familiären Auswirkungen von Mobbing auf die Betroffenen sind vielschichtig. Zu den häufigsten Folgen gehören laut Mobbing-Report Unausgeglichenheit (23,7 %), soziale Isolation (21,6 %), Streit in der Familie beziehungsweise Partnerschaft (19,7 %), allgemeine Belastung (16,6 %), finanzielle Probleme (15,4 %), Antriebslosigkeit (13,9 %), Aggressivität (9,6 %),

Überschattung des Privatlebens (9,6 %) und Depressionen (9,3 %).[13]

Die Folgen von Mobbing gehen ganz erheblich über einen bloßen Verlust von Lebensqualität des Mobbingopfers hinaus. Sie führen oftmals zu massiven gesundheitlichen Schäden. Es ist von entsprechend hohen volks- und betriebswirtschaftlichen Konfliktkosten auszugehen: Schätzungen zufolge reichen diese finanziellen Schäden weit in den zweistelligen Milliardenbereich hinein.[43] Sie sind verursacht durch Heilbehandlungen und Rehabilitationskuren oder gar Dauerarbeitslosigkeit, Erwerbsunfähigkeit und Frühverrentung der Betroffenen.[44]

Prävention und Intervention

Es gibt verschiedene Möglichkeiten, etwas gegen Mobbing zu unternehmen. In vielen Fällen (laut Mobbing-Report 22,5 %) sehen Mobbingopfer als einzigen Ausweg die eigene Kündigung.[13] Von Seiten der Opfer und des Betriebes können Maßnahmen ergriffen werden, um Mobbing einzudämmen.

Praktiker empfehlen Betroffenen, dem Täter Grenzen zu setzen,[45] soweit es ihnen möglich ist und sie sich in der dazu notwendigen seelischen Verfassung befinden. Es gilt als außerordentlich wichtig, dass das Opfer dem Mobber frühestmöglich ein klares „Stopp!" signalisiert. Ansonsten kann sich der Täter bestätigt darin fühlen, ruhig weiter mobben zu können. Diese Aktion wirkt nach Esser/Wolmerath zweifach.[46] Zum einen stellt sie eine innere Umkehr beim Betroffenen dar, sich nicht mehr als wehrloses Opfer zu fühlen. „Auch kleine Gesten der Gegenwehr bringen den Mobbingbetroffenen aus der inneren Defensive heraus." Esser/ Wolmerath[46].

Zum anderen signalisiert die Aktion dem oder den Mobbern das Ende des „leichten Spiels". Dabei sollte es dem Betroffenen klar sein, dass das erste Anzeichen einer Gegenwehr voraussichtlich zu einer Veränderung der Situation führt, bei der eine Eskalation wahrscheinlich ist. Es empfiehlt sich die Unterstützung eines Mobbingberaters zu suchen.

Betroffene, die den Täter nicht selber zur Rede stellen können, können sich Hilfe innerhalb des Betriebes suchen. Erster Ansprechpartner ist immer der Vorgesetzte, oder falls dieser am Mobbing beteiligt ist, dessen Vorgesetzter. Kollegen kommen genauso als Unterstützung in Frage. Gespräche mit dem Täter sollen grundsätzlich zu Dritt geführt werden. Der Dritte dient dabei als Zeuge, Katalysator, Moderator, Coach oder Mediator. Der Betriebsrat beziehungsweise der Personalrat kann als Interessensvertreter des Mitarbeiters als Partner für

Mobbingopfer geeignet sein, besonders, wenn Führungskräfte am Mobbing beteiligt sind. Insbesondere in kleineren Firmen und im öffentlichen Dienst (Personalrat) kann es aber passieren, dass sich der Betriebsrat mit den Angreifern solidarisiert. Externe Beratungsstellen stellen eine weitere Anlaufstelle für Mobbingopfer dar.[47]

Als ein nützliches Hilfsmittel für Opfer gilt ein „Mobbingtagebuch",[47] in dem das Opfer den Verlauf der Mobbingsituation so genau wie möglich festhalten soll. Dabei hält der Betroffene jedes Mal die Uhrzeit und die jeweilige Situation fest, in der gemobbt wurde, wer welche Handlung begangen hat, wer mit anwesend war und die Situation eventuell mitbekommen hat, und wie er sich dabei gefühlt hat. Eventuelle körperliche oder gesundheitliche Reaktionen als Folge und der zeitliche Abstand, in dem sie aufgetreten sind, werden vermerkt.

Das EU-Strategiepapier »KOM(2002) 118 endg.« bezeichnet Legislativmaßnahmen gegen Mobbing als gerechtfertigt[48]
Außerdem bietet sich in diesem Tagebuch die Möglichkeit, eventuelle Arztbesuche zu dokumentieren, die aufgrund der Vorfälle nötig sind. Im Falle einer Gerichtsverhandlung dient das Mobbingtagebuch als Hilfe zur Beweissicherung.

Betriebliche Strategien gegen Mobbing lassen sich in Prävention und Intervention einteilen.

Als zentrale Maßnahmen der Mobbingprävention gilt der Aufbau einer Organisations- und Führungskultur, die eine konstruktive Zusammenarbeit garantiert, in der jeder Einzelne von allen wertgeschätzt wird. Sekundäre Maßnahmen sind: Aufklärung (Broschüren, Plakate, Diskussionen, …), Installation einer betriebsinternen Infrastruktur gegen Mobbing am Arbeitsplatz (etwa Betriebsvereinbarung für Fairness am Arbeitsplatz), die systematische Sammlung von Daten über Mobbing im Betrieb oder die Beseitigung von betrieblichen Rollenkonflikten.[49]

Verantwortlich für die Gestaltung der Unternehmens- und Führungskultur, für den Arbeitsschutz und für die Intervention in konkreten Mobbing-Fällen ist der Arbeitgeber. Wenn er diese Aufgabe nicht nachweislich erfüllt, kann er vom Opfer arbeits- und zivilrechtlich belangt werden. (...)

Rechtliche Situation

Die Gesetzgebung in Bezug auf Mobbing am Arbeitsplatz in unterschiedlichen Ländern ist stark verschieden. In manchen Ländern (etwa Schweden, Frankreich oder Spanien) gibt es gesetzlich verankerte Bestimmungen zum Schutz gegen Mobbing am Arbeitsplatz. In anderen Ländern besteht kein oder nur kaum Schutz gegen Mobbing, solange nicht einzelne Handlungen rechtliche Tatbestände erfüllen.

In der Schule
Hauptartikel: Mobbing in der Schule

Mobbing in der Schule (auch „Bullying“ genannt[22]) bedeutet ein gegen Schüler gerichtetes „Gemeinsein“, Ärgern, Angreifen, Schikanieren und Sekkieren.[50] Die Täter bevorzugen vor allem schwächere und ängstlichere Opfer.[51] Der Psychologe und Mobbingforscher Olweus unterscheidet zwischen zwei Idealtypen von Mobbingopfern an Schulen, dem passiven Opfer und dem provozierenden Opfer.[23] Laut dem Schulforscher Wolfgang Melzer kann Mobbing in der Schule nicht auf bestimmte Täter- und Opferpersönlichkeiten zurückgeführt werden, sondern auf das Schulklima.[52]

Wiktionary: Mobbing – Bedeutungserklärungen, Wortherkunft, Synonyme, Übersetzungen
Literatur zum Schlagwort Mobbing im Katalog der DNB und in den Bibliotheksverbünden GBV und SWB
Factsheet 23 – Mobbing, Hrsg.: Europäische Agentur für Sicherheit und Gesundheitsschutz am Arbeitsplatz
Video: Klaus Niedl spricht über Mobbing, aufgerufen am 10. November 2009, 20:10MEZ

Und Unterstützung der Opfer – wenn es eben sicher auch gerade nicht nur schwache, „ängstliche“ sind (denn Mobbing macht natürlich immer, *jedem* Menschen Angst!) ist unbedingt nötig- bei eben auch unzähligen, Millionen Menschen! Natürlich nicht zuletzt auch älteren Menschen. Aber es fängt eben schon bei Jugendlichen und sogar Kindern an, die heute schon von klein auf überfordert, ausgebrannt (bzw. auch Opfer von Mobbing) werden. Wie z. B. auch in einer ARD-Dokumentation zu sehen (vom 7. 5. 2012, „Pillen für den Störenfried? Psychopharmaka im Kinderzimmer“). Im Programm-Text dazu hieß es: „(...) Müssen die Kleinsten in unserer Gesellschaft schlucken, um dem Leistungsanspruch ihres Umfelds zu genügen? Die Entwicklung ist dramatisch: Die Anzahl der Rezepte für Psychopharmaka für Kinder und Jugendliche ist innerhalb der letzten 15 Jahre von 5.000 auf 380.000 pro Jahr angestiegen(...)“! Begründet mit nicht zuletzt immer höherem gesellschaftlichen Druck- auch auf Eltern- und Erwartungen, „Früherziehungs-Wahn“ und dergleichen.

Und das beginnt teilweise erst, es ist eher mit zunehmenden Zahlen zu rechnen. Zumal es sicher auch noch immens hohe „Dunkelziffern“, also noch nicht bekannte Opfer gibt. In einer repräsentativen Umfrage des Marktforschungsinstituts Innofact unter Berufstätigen sagten z. B. Anfang 2012 40 % der befragten Burn-out-Opfer, dass sie sich weder mit Kollegen noch mit Vorgesetzten über das Thema ausgetauscht haben (Quelle: n-tv.de / dpa). Und das betrifft sicher auch nicht nur Berufstätige. Andere Menschen werden bisher nur noch nicht so sehr statistisch erfasst, zumal der Begriff „Burn-out“ noch nicht endgültig geklärt ist, außer wenn sie auch arbeiten. Aber auch nicht bzw. nicht nur Berufstätige können natürlich auch „Burn-out“ oder andere, kaum weniger belastende, Erschöpfungszustände bzw. Depressionen (mit daraus auch wieder möglichen Erschöpfungszuständen) bekommen. Das Apothekenmagazin “Baby und Familie”” 4/2012 berichtete so zum Beispiel: „Ärzte behandeln zunehmend ausgebrannte Schüler, Studenten und Mütter. Baierbrunn (ots) – Der Anteil der Burn-out- oder Depressions-Diagnosen bei Krankschreibungen steigt stetig. Die Krankenkasse KKH-Allianz meldet ein Anwachsen von 13 Prozent im Jahr 2009 (...) im ersten Halbjahr 2011. Ärzte und Therapeuten berichten, dass sich auch die Klientel ändert: Zu ihnen kommen immer mehr Mütter. Viele Frauen brächen unter der Doppelbelastung von Job und Familie zusammen, sagt Dr. med. Gernot Langs, Chefarzt der Schön-Klinik für Psychosomatik in Bad Bramstedt (...)“.

Es betrifft also wahrlich nicht nur Berufstätige, auch wenn viele Menschen heute ja sogar Doppelt- oder Dreifach-Belastungen haben. Z. B. eben Mütter und Väter. Und auch viele Schüler, Studenten – und auch Rentner, sogar Berufstätige usw. - müssen ja auch noch nebenher arbeiten, haben auch zunehmend Stress durch z. B. „Turbo-Abi“ oder –Studium. Und selbst wenn schon Einiges vorbeugend und schützend getan wird, auch schon an Schulen, gilt ganz sicher, dass das noch nicht reicht- da es immer noch zu viele, auch jüngere, Opfer von Burn-out und Mobbing gibt und ***„Es gibt keine großen Entdeckungen und Fortschritte, solange es noch ein unglückliches Kind auf Erden gibt“*** *(A. Einstein).Und ja auch noch zudem viel zu viele ältere Opfer ...*

Und selbst bei Berufstätigen, wo „Burn-out“ theoretisch ja schon länger ein anerkanntes, bekanntes Thema ist – wird dort praktisch, faktisch genug gegen dieses Verursachende und auch psych. Belastungen – auch z. B. durch Mobbing - getan? Mitnichten!

Die Zahl der Fehltage wegen „psychischer Probleme“ steigt vielmehr weiter ungebremst - seit 2001 hat sie sich zumindest verdoppelt! Doch beim Arbeitsschutz ist dies trotzdem faktisch kein Thema: Bei diesbezüglichen Kontrollen werden die Probleme kaum berücksichtigt. Für die Regierung ein Problem der Länder ... Die Verantwortung wird hin und her geschoben ... Obwohl seit Jahren die Zahl psychischer Erkrankungen, auch durch Belastungen am Arbeitsplatz, stetig steigt – wie zahlreiche Studien belegen. Das alles berichtete auch kürzlich die „Ärztezeitung“(http://www.aerztezeitung.de/news/article/818615/psychisch-belastet-arbeitsschutz-kein-thema.html). Doch in Arbeitsschutzkontrollen schlägt sich das demnach bislang kaum nieder. Das geht z. B. auch aus der dort angeführten Antwort der Bundesregierung auf eine Anfrage der Grünen-Abgeordneten Frau B. Müller-Gemmeke hervor. So wurde zum Beispiel nach Angaben des Bundesarbeitsministeriums (BMAS), das die Anfrage beantwortet hat, nur bei jeder 90. Betriebsbesichtigung im Jahr 2010 das Thema "psychische Belastung" thematisiert(!). Und das anhand o. g. Dimensionen des Themas bzw. Betroffener – und deren Leid!

Die Themen "Arbeitsplatz, Arbeitsstätte, Ergonomie", waren dagegen Gegenstand jeder 2. Besichtigung. Um Arbeitszeit ging es bei jeder 10. Prüfung. Das Ministerium gibt in seiner Antwort auch zu, dass eine Gefährdung der Arbeitnehmer durch psychische Belastungen nicht ausreichend in der Arbeitsschutzaufsicht berücksichtigt wird. "Die Integration des Gefährdungsfaktors `psychische Belastung' in die Arbeitsschutzaufsicht erfordert eine veränderte Herangehensweise. Die bisherigen Konzepte greifen hier nicht", so das Ministerium. Stellen bei der Kontrolle fehlen zudem. Zumal, auch dort angeführt, „Ein einfacher Soll-Ist-Vergleich, wie zum Beispiel bei physikalischen Grenzwerten, sei nicht möglich. Psych. Belastungen müssten durch Gespräche mit Arbeitgeber, Beschäftigten sowie intensive Beobachtungen vor Ort ermittelt werden. Eine solche Vorgehensweise sei zeit- und personalaufwändiger als Ermittlung klassischer Gefährdungsfaktoren, so das BMAS". Ja- aber wie viel (mehr!) Kosten und Leiden entstehen denn, wenn das nicht endlich besser umgesetzt wird? Aber arbeitet man an Verbesserungen? Nein!

Gleichzeitig geht aus der Antwort nämlich auch hervor, dass beim Arbeitsschutz in den vergangenen Jahren sogar massiv Personal *abgebaut* (statt dem Bedarf entsprechend, aufgestockt) wurde! *Also, statt eigentlich unbedingt nötiger*

Verbesserungen, sogar viel mehr auch noch ein negativer Trend! Die Initiatorin der Anfrage, B. Müller-Gemmeke, fordert angesichts dieser Zahlen die Regierung auf, "auf die Länder einzuwirken, damit die Personalkürzungen beim Arbeitsschutz zurückgenommen werden". Völlig zurecht und nötig!
Völlig zurecht forderte z. B. auch der Leiter der Freiburger Uniklinik für Psychiatrie und Psychotherapie, Professor M. Berger, in einem Interview mit dem „Focus“ (vom 18. 12. 2011): "Unfallschutz im Betrieb ist Pflicht. Zum Schutz vor psychischen Erkrankungen aber gibt es keine Regeln. Das muss sich ändern (...)“. Denn, so führte er dort weiter aus, Gewerbeaufsicht und Betriebsärzte müssten die Möglichkeit haben, in Betrieben Risiken für so genanntes Burnout abzustellen. Deutschland brauche eine Regelung, die klarstelle, dass Arbeitgebern die Fürsorgepflicht auch im Falle psychischer Belastung obliege. Dies sei notwendig, da es eine rasante Zunahme von Krankheitstagen wegen psychischer Belastungen gebe. Ein wachsender Teil davon sei durch „Depressionen mit dem Leitsymptom massiver Erschöpfung bedingt." Dieser Forderung schließe ich mich – auch durch eine von mir kürzlich diesbezüglich eingereichte Petition an den Bundestag und deutsche Landtage gänzlich an, unbedingt! Man muss ja endlich einmal Ursachen bekämpfen statt nur an Folgen „herumzudoktern“ bzw. zu therapieren!

Dass auch Nicht-Berufstätige viel besser geschützt werden müssten wäre auch ein weiteres Thema. Für jüngere

Menschen sieht z. B. auch die (auch in Deutschland geltende) UN- Kinderrechtskonvention viel weitergehende Rechte bzw. Schutzmaßnahmen vor z. B. gegen Überforderungen oder natürlich auch Mobbing und dergleichen. Auch ansonsten beschäftigen laut dem Vorsitzenden des Petitions-ausschusses des Europaparlamentes, Marcin Libicki, 400 Petitionen alleine gegen deutsche Jugendämter den Ausschuss sowie auch das Hochkommissariat für Menschenrechte der UN im Rahmen des "periodischen Prüfungsberichtes". Deutschland laufe Gefahr die Grundprinzipien der internationalen Menschenrechtskonventionen zu verlassen ... Das gibt ja schon sehr zu denken, auch solche Zahlen ...

Zumal es bei Burn-out und natürlich auch Mobbing, auch aus Scham, sicher sehr große „Dunkelziffern" gibt – also faktisch noch viel mehr als die bekannten immensen Zahlen der Leidtragenden. „Die im Dunkeln sieht man nicht", sagte ja schon B. Brecht. Auch unzählige Suizid-Opfer, jüngere und ältere. Auch viele, bei denen erst mit der Zeit herausgekommen ist, wenn überhaupt, warum sie sich tragischerweise das Leben genommen haben – völlig ausgebrannt, eben Opfer von Burn-out bzw. (auch) Mobbing. Und Mobbing bekommt ja durch das Internet, Handy und Co. nochmals völlig neue Dimensionen. Selbst schon immer mehr Schüler – sogar schon an Grundschulen - sind Opfer von Cybermobbing. Einige Täter sind eben auch naiv, unwissend was sie da an brutalsten Verletzungen anrichten und Menschen bis hin zum Suizid treiben können. Einige aber auch böswillig bzw. zumindest grob fahrlässig. So oder so, für die Opfer macht das oft keinen (wirklichen) Unterschied. In verschiedenen Dokumentationen (z. B. im ZDF und der ARD) berichteten zuletzt auch immer wieder Opfer davon, über z. B. auch Facebook, Schüler-VZ und Co., wie schwer es ist so etwas aus der Welt bzw. dem World Wide Web (und damit eben auch wiederum aus der Welt) zu schaffen, mit oft ja auch sehr großer Verbreitung im und durch das WWW. Mit oft brutalsten Demütigungen, gerichtet an ein Millionenpublikum - und selbst nach dem Löschen der Inhalte weiß man nicht, wer es bereits gelesen bzw. heruntergeladen hat ... Und es wird immer wieder berichtet wie wenig, wenn überhaupt, Unterstützung es dabei auch meistens gibt! Oft auch kaum wirklich Sachverstand bzw. Motivation der Helfer bzw. für Hilfe verantwortlichen Personen bzw. Stellen (auch z. B. bei Internet- Plattformen aber auch in Unternehmen, die praktisch oft gar nicht so stark gegen Mobbing vorgehen wie es möglich wäre bzw. wie sie sich rühmen – und wenn erst nach heftigen Protesten bzw. rechtlichen (angekündigten) Schritten). Manchmal nicht einmal irgendein Verständnis, oft sogar noch mehr Vorwürfe! Wenn überhaupt einmal geholfen wird sind die *Opfer* dann meistens aber auch noch die Leidtragenden! Während den Tätern meistens höchstens wenig passiert müssen die Opfer z. B. die Schule, Ausbildungs- oder Arbeitsstelle wechseln bzw. werden arbeitslos. Manchmal ist zudem auch noch Umzug mit Verlust des bisherigen Freundeskreises nötig mit allen auch noch daraus resultierenden Folgen! Man landet dann auch noch oft in langer Therapie, arbeitet (fast) nur „an sich“ – obwohl man ja gar nichts falsch machte, sondern nur zur falschen Zeit am falschen Ort war, *zufällig* Opfer wurde. Bzw. gerade weil man so viel *gut* machte bzw. *Gutes* zu bieten hat ausgenutzt bzw. zum Opfer von Neidern werden konnte!

Die Täter machen hingegen sogar noch oft Karriere, auch zum Hohn und Spott, Leid der Opfer. Sie müssen fast nie umziehen, die Schule oder Stelle oder gar ihr Umfeld wechseln ... Ebenso wie diejenigen, die verantwortlich gewesen wären hier besser zu intervenieren, unterstützen bzw. erst gar nicht Umstände aufkommen zu lassen, die Menschen ausbrennen können oder Mobbing zulassen – denen passiert auch fast nie etwas! Vorgesetzten, Chefs, manchmal auch Schul-Leitern oder anderen Pädagogen bzw. Behörden, Ämtern usw.

Dabei gibt es natürlich, auch wenn das oft nicht einfach ist, bewährte Methoden um hier zu intervenieren bzw. zu unterstützen bzw. auch vorzubeugen von diesen Stellen bzw. Verantwortlichen. Und natürlich auch die Pflicht dazu gesetzlich bzw. zumindest (auch) moralisch – auch wenn Politiker und die Justiz hier auch noch viel bessere Gesetze bzw. Rechtssprechungen, Rahmenbedingungen usw. schaffen müssten (wie auch, s. oben, teilweise schon in anderen Ländern). Selbst dass es schon einige diesbezügliche Rechte gibt (wobei Recht haben und Recht bekommen, Recht und Gerechtigkeit oft ja doch bekanntlich auch noch zweierlei sein können) muss allerdings auch nicht nur Positives bedeuten: „Den Namen des Rechtes würde man nicht kennen, wenn es das Ungerechte nicht gäbe". (Heraklit). Und in der Tat sind oft, auch heute noch, sogar schlechte bzw. unzureichende Gesetze das Problem: „Früher litten wir an Verbrechen, heute an Gesetzen" (Tacitus). Bzw. den „Gesetzgebern", deren viel zu oft (nur) „Sonntagsreden" – sehr ausführliche Analysen dazu auch bei W. Balsen- „Wenn es den Politikern die Sprache verschlägt, halten sie eine Rede" (F. Nowottny) – das gilt sicher auch wenn sie darauf angesprochen werden, warum sie trotz zig Millionen Betroffener viel zu wenig gegen Mobbing und Burn-out bzw. dessen Ursachen tun, gegen diese immer wieder ermöglichende Bedingungen und Umstände. Und zum Schutz der Opfer.

Nicht von ungefähr sagte wohl auch gerade in Deutschland auch einmal ein führender Politiker, Helmut Schmidt, auch „Die Dummheit von Regierungen sollte niemals unterschätzt werden". Oder auch mangelndes Interesse an Bedürfnissen, Nöten von Millionen Bürgern?!
Zumal auch in Deutschland, auch im doppeldeutigen Sinn, sicher ein wichtiger Denkanstoß, Mahnung ist: „Die Verfassung eines Staates solle so sein, dass sie die Verfassung des Bürgers nicht ruiniere. (S. J. Lec). Oft werden aber auch bereits bestehende zahlreiche Gesetze, (Grund-)Rechts- und andere Mittel nicht eingesetzt. ... Bei G. Jauch (ARD, 6.5.2012) wurde z. B. auch gezeigt, dass vorhandene Gesetze- hier gegen Mobbing – von großen Firmen, einigen Unternehmen nicht nur unterlaufen werden, sondern dass diese sogar selbst Mobbing- Maßnahmen

nutzen, zur Mitarbeiter- Disziplinierung (wie ja auch bei Wikipedia, s. oben, zu lesen). Der Gipfel ist dann noch, dass gerade diese dann sich auch oft noch rühmen wie angeblich wichtig ihnen Anti – Mobbing –Maßnahmen sind (!). Ähnliches gilt bei „Burn-out“.

Warum auch immer: Das darf nicht hingenommen werden, *es muss viel mehr gegen die Täter,Verursacher und mehr für die Opfer getan werden, natürlich auch vorbeugend* (dass es zu so immensem Leid gar nicht erst immer wieder, bei so vielen Menschen, kommen kann – auch zu Folge-Tätern bzw. “Trittbrettfahrern“)! Wegen z. B. übler Nachrede, Verleumdung, gefährlicher Bedrohung, ggf. auch Körperverletzung und dergleichen könnten Täter auch harte Strafen bekommen, die auch abschreckend wirken für Nachahmer. Und die Täter sind viel öfters als man denkt, fast immer zu ermitteln! Voraussetzung dafür ist aber natürlich, dass Opfer besser bzw. überhaupt, wirklich unterstützt werden – von ermittelnden bzw. verantwortlichen Leitungen, Behörden, Ämtern, Schul-Leitern und anderen Pädagogen – gerade auch Lehrern, Vertrauens-Lehrern und dergleichen – aber last, not least natürlich auch Freunden, Bekannten und Verwandten. Natürlich muss bei Bedarf auch Tätern geholfen werden, wenn diese z. B. andere Menschen „klein machen“ weil sie sich selbst viel zu klein fühlen, z. B. auch von anderen Menschen gemacht im Beruf, der Familie oder wo auch immer. Das rechtfertigt aber natürlich keine eigenen Taten (und Hilfe für Täter kann, muss ja auch nicht Sache der Opfer sein!).

Die diese Opfer erzeugenden Umstände wären aber sogar durchaus zu ändern. Es liegt auch nicht daran, dass zu wenig Geld da wäre. Im Gegenteil!

So berichtete z. B. die „Berliner Morgenpost" vom 19.12. 2011, dass selbst die deutsche Arbeitsministerin von der Leyen nun endlich darauf hinweist, dass damit sogar enorm viel Geld *gespart* werden kann volkswirtschaftlich. Die Behandlungskosten für psychische Erkrankungen am Arbeitsplatz in Deutschland werden nach von der Leyen heute bereits auf rund 27 Milliarden Euro jährlich geschätzt. Die Krankheitstage durch psych. Erkrankungen hätten sich in den letzten 15 Jahren fast verdoppelt. Psychische Erkrankungen seien inzwischen auch der Hauptauslöser für die Frühverrentung. „Da geht es nicht um Drogenmissbrauch oder Psychosen wie Schizophrenie, sondern um schwere Überforderung, häufig um das, was wir landläufig als ‚Burn-out' kennen", sagte die Ministerin. „Im Durchschnitt scheiden diese Menschen mit Mitte 40 aus – für Wirtschaft, Staat und Gesellschaft wird das richtig teuer." Studien zufolge sei bereits jeder 5. „Arbeitnehmer" danach psychisch belastet, nach einigen Studien hat sogar jeder Zweite in seinem Leben schon einmal unter psychischen Problemen gelitten. Nach einer Studie der OECD kann wachsende Jobunsicherheit und Druck am Arbeitsplatz dazu beitragen, dass sich diese Entwicklung in den kommenden Jahren noch verschärft. Gute Arbeit helfe aus Depressionen heraus. Umgekehrt gelte aber auch, dass die Veränderung der Arbeitswelt zu psychischer Belastung führen könne. Das habe mit der hohen Verdichtung und engen Taktung von Produktionsprozessen und Arbeitsabläufen zu tun, mit Informationsüberflutung und steter Erreichbarkeit über Handy oder Mail, meinte von der Leyen. Allerdings seien laut der OECD die Gesundheitssysteme vieler Länder primär darauf eingerichtet, Menschen mit schweren psychischen Störungen, wie etwa Schizophrenie, zu behandeln. Auf diese Weise blieben rund 70 Prozent aller Menschen mit moderaten psychischen Problemen ohne Behandlung!

Was könnte also alles unzähligen Menschen erspart werden an brutalen Leiden, wenn endlich hier anders geplant und gehandelt werden würde! Und dann z. B. auch noch o. g. zig Milliarden in sinnvolle Maßnahmen investiert werden würden, z. B. im sozialen und medizinischen, auch präventiven, und Bildungs-Bereich! Inkl. Fortbildungen auch für z. B. Ärzte, die auch Depressionen, „Burn-out", Mobbing noch viel zu oft nicht erkennen (und dann natürlich auch nicht behandeln können, was oft sehr fatale Folgen hat). Dass das bisher alles nicht bzw. viel zu wenig gemacht wird ist ja aber nicht Schuld der Opfer, Leidtragenden, die – s. oben - zudem ja auch rein zahlenmäßig alles andere (!) als „Außenseiter" bzw. Einzelfälle sind!

(Erst) auf öffentlichen Druck hin gibt es nun immerhin auch zunehmend etwas bessere Gesetze, Bestimmungen, auch z.

B. gegen Mobbing und Burn-out erzeugende Bedingungen bei der Arbeit. Und mehr mögliche Unterstützungs- Hilfen für Opfer. Da diese zu kennen, auch immer aktuell und konkret im individuellen Fall, und vor allem auch anzuwenden aber in der Regel nur von Fachleuten hierfür wirklich hilfreich möglich ist werden hier im Folgenden auch nur bedingt „konkrete Tipps" gegeben werden. Sondern mehr Informationen über wichtiges Hintergrundwissen – und für konkrete Fragen bzw. Hilfestellungen Tipps wie und wo man bei Fachleuten hierfür Unterstützung bekommen kann. Auch – vgl. Anlage - kostenlos und an allen Orten bzw. (zumindest ergänzend) auch zunächst mittels des WWW. Auch Tag und Nacht und anonym (erste) Hilfe bzw. „Seelsorge"/psychologischer Rat, auch telefonisch oder per E-Mail. Denn, auch wenn es absolut keinerlei Grund dafür gibt, sich als Betroffene(r), Opfer zu schämen oder für irgendetwas selbst Schuld zu geben, Schuld in sich zu suchen – kein Mensch hat verdient Opfer von Mobbing oder Burn-out zu werden, wirklich *keiner* ! – braucht man oft doch erst einmal persönliche Aufmunterung, ein offenes Ohr, Austausch bevor man sich weitere Unterstützung holen kann, z. B. bei o. g. Stellen bzw. Personen (z. B. Lehrern, der Polizei, Personal- oder Betriebsräten, Ärzten, Therapeuten usw.). Ebenso wie bei dabei sehr häufig auch auftretenden Depressionen (die auch wiederum sehr, manchmal extrem, erschöpfen können), bei denen sogar oft noch mehr Scham zum sich „outen" vorhanden ist. Manchmal möchte man ja dann ggf. auch erst einmal eher mit Fremden kommunizieren statt z.

B. Freunden oder Verwandten bzw. Kollegen, die natürlich ansonsten auch gute Ansprechpartner wären. Auch wenn zumindest ergänzend auch Fachleute gefragt sind. Ebenso wie ein Arzt seines Vertrauens, zumal Burn-out und Mobbing fast immer ja auch körperlich bzw. psychosomatisch belasten oder sogar dadurch bedingt werden. Ein Arzt kann auch bei Bedarf psychologische Hilfe vermitteln. Diesen aufzusuchen ist, auch möglichst bald, unerlässlich! Sonst kann es wirklich fatal enden! Und mit guter Unterstützung kann auch immer geholfen werden!

Der schiefe Turm von Pisa. Weltberühmt trotz–und wegen?– „Makel"

II. Es gibt keinen Grund sich zu schämen! Kein Mensch ist immer stark, perfekt,„makellos“. Nicht einmal ansatzweise!

Grundlage selbst schon dafür, dass man sich überhaupt Hilfe sucht und derer wert fühlt, ist aber eben, dass Opfern geholfen wird unnötige Scham, Selbstzweifel und Selbstvorwürfe zu überwinden, s. oben. Dies beschreibt auch gut ein Artikel, der sinngemäß auch für Opfer von Burn-out und auch Erwachsene gilt, in der „Zeit“ (Quelle: http://www.zeit.de/gesellschaft/familie/2010-06/mobbing-gebauer)- aus dem ich deshalb hier ausführlicher zitiere, zumal auch nützliche konkrete Tipps (sinngemäß auch für Nicht-Schüler) genannt werden :

“MOBBING IN DER SCHULE

Warum schweigen Mobbing-Opfer?

Oft werden Mobbing-Erlebnisse von Erwachsenen als alterstypische Rangeleien abgetan. Der ehemalige Schulleiter Karl Gebauer erklärt, wie man unterscheidet und erkennt.

VON Karl Gebauer | 07. Juni 2010 - 16:12 Uhr

Für das Schweigen von Mobbing-Opfern gibt es viele Gründe. Eine Ursache liegt darin, dass die Signale der Opfer von Erwachsenen oft nicht richtig gedeutet werden und das Kind sich nicht verstanden fühlt. "Ich habe euch doch immer davon erzählt", sagt ein 15jähriger zu seinen Eltern, die aus allen Wolken fallen, als ich mit ihnen über die Leiden ihres Sohnes spreche.

Mobbing ist ein aggressiver Akt und bedeutet, dass ein Schüler oder eine Schülerin über einen längeren Zeitraum von Mitschülern belästigt, schikaniert oder ausgegrenzt wird. Mobbing kann sich andeuten, wenn zum Beispiel Hefte und andere Materialien verschwinden, Schulsachen oder das Fahrrad beschädigt werden oder wenn Gerüchte verbreitet werden.

Es kommt vor, dass ein Schüler oder eine Schülerin nicht bei Gruppenarbeiten mitmachen darf oder man verbietet dem Opfer, sich aktiv am Unterricht zu beteiligen. Unter Jugendlichen kommt es zu sexuellen Diffamierungen. Demütigungen erfolgen mit Worten und Zeichnungen auf Zetteln, in Schülerzeitungen und in Briefen. Oft werden Opfer in demütigende Situationen gebracht und dabei mit dem Handy fotografiert. Anschließend werden die Szenen gemeinsam angeschaut, als E-Mail verschickt oder gar ins Internet gestellt.

Wenn dem Täter, also dem Initiator des Mobbings, kein Widerstand entgegengesetzt wird, sein Handeln sogar von Mitschülern toleriert und von einigen sogar unterstützt wird, dann kann seine Machtentfaltung grenzenlos werden.

Kinder, die sich mit dem Mobbingopfer solidarisieren, werden unter Druck gesetzt, es kommt auch zu körperlichen Übergriffen.
Das alles könnte wahrgenommen werden. Warum kann sich das vor den Augen der Lehrkräfte und auch der Schulleitung abspielen, ohne dass von deren Seite hilfreiche Interventionen erfolgen?

Die Ereignisse lassen sich relativ einfach beschreiben und bergen doch gleichzeitig ein Geheimnis. Um zu erkennen, dass es sich um Mobbing handelt, müssen Eltern und Lehrer die einzelnen Ereignisse nämlich wie ein Puzzle zusammensetzen. Schließlich braucht es eine Verständigung darüber, ob es sich tatsächlich um Mobbing handelt. Oft werden die geschilderten Erlebnisse von Eltern und Lehrkräften als alterstypisch abgetan. Merkt dies ein Mobbingopfer, dann ist der Weg zum Verstummen nicht mehr weit (...).
Für Mobbing haben Kinder in der Regel kein Verstehensmuster entwickelt. Ein Opfer weiß nicht, wie es in diese Situation gekommen ist. Im Verlauf der demütigenden Aktionen geht sein Selbstwertgefühl nach und nach verloren. Es stellt sich das Gefühl ein: "Ich bin nichts wert, sonst würden die so etwas mit mir nicht machen." Viele Opfer können sich nicht erklären, wie es kommt, dass alle anderen – oft sogar die beste Freundin oder der beste Freund – gegen sie sind. Sie werden regelrecht von einem Gefühl der Scham überschüttet.

Ihr Gefühl sagt ihnen, dass das doch nicht immer so weitergehen könne. Meistens werden sie enttäuscht.
Opfer werden damit belästigt, dass man ihre sexuelle Orientierung lächerlich macht, ihnen zum Beispiel unterstellt, sie seien schwul. Darüber mit Eltern oder Lehrern zu reden, ist nicht einfach.

In der Phase der Pubertät versuchen Jugendliche selbstständig die eigenen Probleme zu bewältigen. Sie möchten sich kompetent erleben und müssen feststellen, dass sie keinen Ausweg finden. In einer solchen Situation die Eltern um Hilfe zu bitten, das würde sie in die Zeit der Vorpubertät zurückwerfen. Die Mitläufer reden nicht über die Geschehnisse, weil sie befürchten müssen, sonst selbst in die Situation des Opfers zu geraten. Den Opfern wird gedroht, dass sie im Falle des Weitererzählens noch Schlimmeres erfahren würden. Einige Schüler gehen davon aus, dass ihnen die Eltern in der Schule sowieso nicht helfen können. Manche Opfer probieren die unterschiedlichsten Reaktionen aus, um dann leider feststellen zu müssen, dass sie es alleine nicht schaffen. Sie werden lethargisch, lassen alles mit sich machen. Oft wird dies von Mitläufern nicht ausgehalten, die dann Erwachsene um Hilfe bitten.

Manche Opfer reden nicht, weil sie denken, ihre Lehrer müssten selbst etwas merken und handeln. Da aber nichts geschieht, geben sie resigniert auf. Wieder andere haben erlebt, dass alles nur noch schlimmer geworden ist, seit sie mit ihren Lehrern über ihr Leid gesprochen haben. Nicht selten wird den Opfern unterstellt, sie selbst seien es, die sich als Opfer anbieten. In diesen Fällen ist das Verstummen eine logische Folge. Manche mussten miterleben, wie andere Kinder Opfer wurden und ihnen von Erwachsenen keine Hilfe zuteil wurde. Sie haben im Mitgefühl mit diesen Opfern ein inneres Muster ausgebildet, das besagt: "In solchen Situation bist du allein." Andere wiederum haben im Verlauf eines Mobbingprozesses das Gespür dafür verloren, dass sie Hilfe brauchen, sich Hilfe holen müssten, wenn sie heil aus der Situation herauskommen wollen. Oft reicht dazu ihre Kraft nicht mehr aus. Zu dieser Einstellung kommt es, wenn sie erfahren mussten, dass ihre Lehrer Mobbingsituationen nicht durchschauen oder nicht ernst nehmen. Eltern und Lehrkräfte können Mobbing dann erfolgreich bearbeiten, wenn sie die innere Dynamik solcher Prozesse begreifen. Ein Mobbingopfer versteht nicht, was ihm widerfährt und kann sich aus eigener Kraft nicht aus der Situation befreien. Es fühlt sich absolut hilflos. Im Kern geht es um die intensive Erfahrung von Ohnmacht verbunden mit Angst und Scham. Ein Mobbingopfer verliert jegliche Orientierung und Sicherheit. Denn es sind abrupt alle Beziehungen zu Mitschülern gekappt. Auch das Vertrauen in Freundschaften geht verloren.

In der Folge kommt es zu Entwicklungen, die sich über lange Zeiträume hinziehen können. Oft stellen sich psychische und physische Erkrankungen ein. Mobbing schränkt nicht nur das Lernvermögen der Betroffenen ein, sondern beeinträchtigt auch ihr gesundheitliches Befinden und schwächt ihr Selbstwertgefühl. Die erfahrene Ohnmacht wirkt sich lähmend auf ihr Denken und Handeln aus. Dieser innere Vorgang muss von den verantwortlichen Erwachsenen verstanden werden. Erst dann können sie wirksame Hilfe leisten. Erwachsene sollten nun versuchen, das Vertrauen der Betroffenen zu gewinnen, denn genau darin liegt die Lösung. Opfer, Mitläufer und auch Täter brauchen Menschen mit Durchblick und Mut. Sie müssen erleben, dass sich Erwachsene erfolgreich um das Flicken der zerstörten Beziehungen bemühen. Dafür braucht es Zeit und einen andere Gewichtung in Bildungsprozessen. So lange primär die kognitive Leistung der Schülerinnen und Schüler im Fokus ist und der Blick für die Entwicklung der Persönlichkeit und die Atmosphäre in einer Gruppe nur wenig Beachtung finden, sieht es schlecht für Mobbingopfer aus(...). Überall dort, wo sich Erwachsene gemeinsam mit den betroffenen Schülerinnen und Schülern bemühen, die destruktiven Prozesse zu bearbeiten, können sich über diese gemeinsamen Lösungsversuche neue neuronale Verstehens- und Handlungsmuster etablieren. Eine Schule sollte Mobbing nicht herbeiwünschen, aber überall dort, wo sich Mobbing ereignet, sollte sie für Klarheit sorgen. Es gilt, eine Atmosphäre des Vertrauens zu schaffen. Vor allem dem Opfer muss man Zeit für seine Erzählungen lassen. Sein Selbstwertgefühl muss gestärkt werden. Und es gilt für den nötigen Schutz zu sorgen. Die Schülerinnen und Schüler werden sich an ihre Eltern Lehrerinnen und Lehrer wenden, wenn diese signalisieren, dass sie den Ernst solcher Situationen verstanden haben und sich Zeit für gelingende Lösungen nehmen".

Also geht es – ähnlich auch bei Erwachsenen - um bessere Umstände bzw. besseres Verständnis und Umgang, Hilfe durch das Umfeld, nicht persönliche Probleme oder gar „Schuld" der Opfer! Und, nochmals: Mobbing und Burn-out trifft garantiert nicht nur Außenseiter oder gar nur „schlechte, schwache Menschen" – im Gegenteil (s. oben)! Natürlich hat *jeder* Mensch einen „Makel". Ist kleiner oder größer, dünner oder dicker usw. als viele Millionen andere auf der Welt, kann Vieles schlechter als Tausende, Millionen oder Milliarden andere ... Und macht auch Fehler! *Nobody* is perfect, irren ist menschlich! „Begnügt euch doch ein Mensch zu sein ..." ist wirklich wichtig. Wir sind keine „Götter" oder perfekte (?) Klone oder Roboter. *Jeder* Mensch, auch z. B. „schwerst behinderte" hat aber auch seine tollen Seiten, jeder kann etwas auch gut! Jeder wird vielen Menschen nicht gefallen – zumindest einigen aber schon (und das reicht ja, schlechten Menschen sollte man zudem ja auch nicht gefallen!). „Manche lieben dich, manche treten dich" („Dieser Weg"/ X. Naidoo). Man muss auch nicht alles gut können. Am Ende des Weges, Lebens zählt ja auch nicht wie weit man gekommen ist (also z. B. „Karriere" gemacht hat) – *sondern ob man seinen, eigenen, persönlichen, individuellen aber auch hoffentlich möglichst sozialen Weg ging* ... Und sich auch weiterhin im Spiegel ohne schlechtes Gewissen ansehen kann ... Und bloß weil man auch ein paar „Makel“, Macken hat (wie jeder andere Mensch auch!) bzw. „Dornen“ kann man natürlich eine Rose sein (und kein „stachliger Kaktus“) - Every rose has it `s dorn!

Viele Menschen, die sich für zu hässlich oder z. B. gar „beziehungsunfähig“ hielten fanden auch sehr schnell einen Partner, als sie in ein besseres Umfeld kamen mit auch zumindest für sie besseren Menschen, Partnern, Freunden ... Oder auch z. B. besseren Single-Partys oder dergleichen (auch da lag es dann zuvor eben an schlechten äußeren Umständen, manchmal auch „Freunden“ – und nicht persönlichen „Macken“!). Im falschen Umfeld bzw. mit zu schlechtem Selbstwertgefühl- wenn man sich gar nichts Besseres zutraut - kann man aber natürlich 2, 5, 10, 20 schlechte Partner (oder auch Jobs) hintereinander finden – und dann sein Selbstbild auch noch „bestätigt“ bekommen (ich hab nichts Besseres verdient, kann nichts Besseres finden – doch, doch, doch! Wenn man sich mehr zutraut, sich Besseres „verdient“ zugesteht, gönnt, sucht!). Dass man „zu nichts zu gebrauchen“ oder auch „beziehungsunfähig“ ist stimmt nie! Man muss dazu allerdings ja auch wissen bzw. bestätigt bekommen – inkl. seiner guten Seiten- dass man kein schlechter, hässlicher usw. Mensch ist- damit man sich auch besserer Partner bzw. Freunde oder auch Jobs wert fühlt, die also auch finden kann (und mangelnde Selbstachtung und Wertschätzung ist

auch ein Hauptgrund für mögliches ausgenutzt werden, Burn-out und natürlich auch Mobbing).
Im falschen Umfeld wird man diese Wertschätzung, Anerkennung aber nie bekommen. Es ist wirklich immer wieder erschreckend, wenn tolle Menschen in psychologische Beratung, Therapie kommen wegen ihrer Unruhe, Nervosität, Aggressivität, Depressivität ... Oder dass sie zu wenig „hart" sind, zu empfindlich ... Und weiter an sich arbeiten wollen (oder sollen). Wie oft schon Jahre lang zuvor in anderer Therapie. *Ohne einmal genauer zu fragen, woher das eigentlich kommt* – z. B. von ihrem einschüchternden, schikanierenden Chef, Vorgesetzten, manchmal auch Verwandten oder Partner (von dem, auch oft Chef, sie dann sogar noch in Therapie geschickt werden! Oder von Schul- oder Geschäftsleitern, die dafür verantwortlich wären etwas gegen skandalöse, viel zu harte Umstände, Machenschaften in Schule, Betrieb usw. gegen die Opfer zu tun!). Unglaublich aber leider wahr! Natürlich brauchen die Ratsuchenden dann auch Unterstützung. Aber ja nicht für „in ihnen liegende" Probleme (persönliche, charakterliche, aus der Kindheit usw.). Sondern gegen die quälenden Umstände bzw. Menschen! Und solche Umstände, Menschen gibt es heute in wahnsinnig großer Zahl.

Mobbing betrifft auch z. B. nach einer aktuellen Untersuchung der TK auch schon zumindest 1/3 sogar schon aller Schüler zwischen 14 und 20 Jahren, Burn-out auch Millionen Menschen, zunehmend mehr – in unserer, wie eben z. B. 2011 der „Focus“ titelte, „Generation Burn-out“ – wo auch beschrieben wurde, dass – ebenso wie Mobbing - auch Burn-out wirklich *jeden* treffen kann. Wirklich *jeden, gerade auch den besten,* Menschen! Ebenso wird dort aber auch beschrieben, dass nahezu alle Opfer sich – *zu Unrecht*!- als schwach, dumm, „Versager“ fühlen bzw. schämen. Gerade auch gegenüber ihnen Nahestehenden (was sich denen anvertrauen natürlich auch nicht gerade einfach macht).

Zumal, nicht zuletzt: In einem Interview im Juni 2012 sagte Jürgen Klopp, derzeit ja erfolgreichster deutscher Fußball-Trainer, was ihn in unserer Gesellschaft ärgert: "Wir haben zu wenig Geduld im Umgang mit den Menschen". Und belegte das am Beispiel vieler Trainer, die beim ersten Misserfolg gefeuert würden. Dann aber später gar nicht mehr- wie er und andere Meister-Trainer- daraus lernen und erfolgreich sein können ... Zumal man ja bekanntlich aus Fehlern bzw. Niederlagen grundsätzlich oft am meisten lernen kann, die ja auch zum Leben *aller* Menschen gehören. Ständig an Grenzen stoßen ist auch normal und führt, wenn man Lehren daraus zieht, oft erst zu Lösungen ... (vgl. weitergehend dazu bei Interesse z. B. Brezinka S. 123, 131, 136; Spranger S. 6, S.28 ff.; Wulf S. 155). Es ist ja auch bereits eine Volksweisheit (und die von Präsidenten, erfolgreichen Unternehmern, Sportlern usw.): Aus Fehlern, Niederlagen, an Grenzen stoßen kann man am meisten (!) lernen! (vgl. Griesebach S. 55 ff, Spranger S. 95, Bollnow S.142ff.).

Das ständige „an Grenzen stoßen"/Grenzen bzw. Krisen akzeptieren, durchleben – außer natürlich, s. oben, wegen unnatürlichem Stress, Ausnutzung, Intrigen oder dergleichen - bzw. ggf. diese überwinden, neue suchen ist also ein notwendiger Teil des Lernens, menschlichen Lebens, Fortschritts (vgl. Bollnow S.138 ff.). Zu dem eben auch Krisen, Wagnis, Scheitern u. a. gehören (s. oben/ vgl. weitergehend dazu bei Interesse z. B. Bollnow S. 132 ff.). *Das ist das Leben, kein Versagen*!

Menschen für jeden Fehler, jeden Misserfolg zu verurteilen, „abzustempeln" – bzw. sich auch noch selbst dafür „abzustrafen" - führt aber natürlich zu Massen-Burn-out (und Mobbing).

Und verantwortlich für wirklich Schlechtes in einer Gesellschaft, Welt, dass es dort so viele Opfer gibt - bzw. auch so viele Menschen, die man durch Vorurteile oder zu wenig Chancen geben benachteiligt, leiden lässt, deren Zukunft opfert - sind ja auch nicht nur alleine Täter: „Die Welt wird nicht bedroht von den Menschen, die böse sind, sondern von denen, die das Böse zulassen". (A. Einstein). Auch Menschen, die „tatenlos" bei Taten zuschauen, diese dulden sind nicht frei von Verantwortung. „Verantwortlich ist man nicht nur für das, was man tut, sondern auch für das, was man nicht tut". (Laotse). Denn auch „nicht tun" hat ja Folgen. Die Täter, Bösen sind ja auch *sehr* zahlreich- aber beileibe nicht in der Mehrzahl in der Gesellschaft. Nur wenn die anderen, die Mehrheit, die Täter walten lassen beherrschen die das Geschehen! Sonst hätten die keine Chance! Natürlich – jeder sollte nur nach seinen Möglichkeiten etwas tun müssen, nicht mehr (Angehörige, Freunde, auch Lehrer usw. z. B. auch *Unterstützung suchen*, nicht zu viel von sich alleine verlangen). Aber ja auch bitte nicht weniger! Zumal wenn man an verantwortlicher Position in der Politik, Wirtschaft, Justiz, Medien, Betrieb, Behörde, Amt, Schule usw. ist und auch die Macht hat etwas zu tun – gegen Täter, gegen Ursachen, schlechte Bedingungen und Umstände ... Für Opfer und deren Schutz – sowie Prävention von Mobbing und Burn-out.

Und bei zig Millionen Opfern alleine in Deutschland können das ja alleine schon von dieser riesigen Anzahl her wirklich keine „Außenseiter", „Versager" sein (oder leben wir in der „Generation Versager, Außenseiter"?). Im Gegenteil. Und, s. oben, gerade die *Guten* sind ja besonders gefährdet, können ausgenutzt werden - weil sie auch viel zu bieten haben, die haben auch viele Neider ... Die sie auch schlecht machen – aber deshalb sind sie ja noch lange nicht schlecht (im Gegenteil)! Oder Außenseiter (im negativen Sinn)! Ja, man kann auch besonders, eigenartig, außergewöhnlich sein ... Aber ja nicht nur besonders schlecht, sondern auch *gut, zumindest noch werden*! Einstein, einer der klügsten Menschen aller Zeiten, war z. B. auch sehr schlecht in Mathe in der Schule, ebenso der heute amtierende (Kopf-) Rechen-Weltmeister... Und dann? Beide kommen auch aus Deutschland. Ein Ruhmesblatt für unser Bildungssystem, wenn daran die besten Menschen oft (fast) scheitern? Schon an elementarsten Dingen wie der deutschen „Rechtschreibung“ – die zig Millionen Menschen völlig unnötig stresst, völlig unnötig einmalig, außergewöhnlich (aber nicht im positiven Sinn!) kompliziert ist. Obwohl eigentlich eher die „einfache“ Sprache ein hohes Gut ist, gerade auch für weise Menschen (und „weise“ oder „gute Bildung“ oder gar Charakterliches hat heute auch sicher nicht immer etwas damit zu tun, welchen Schul-Abschluss man hat) : „Hohe Bildung kann man dadurch beweisen, dass man die kompliziertesten Dinge auf einfache Art zu erläutern versteht“ (G. B. Shaw). Und „Die deutsche Sprache sollte sanft und ehrfurchtsvoll zu den toten Sprachen abgelegt werden, denn nur die Toten haben die Zeit, diese Sprache zu lernen“ (M. Twain). Und die deutsche Sprache – selbst als Deutscher – nicht perfekt zu beherrschen, mit ihrer ganzen in großen Teilen Unlogik, weltweit einmaligen unnötig komplizierenden Groß-und Kleinschreibung usw. ist sicher auch keine Schande! Sie lässt aber Millionen Menschen unnötig leiden und ihr Potenzial nicht ausschöpfen, da sie ohne Sprach-Beherrschung auf vielen Gebieten unnötige Hürden in den Weg gelegt bekommen (bzw. gar nicht erst so weit kommen in Schule und Beruf). Wer die deutsche Sprache nicht so gut kann muss aber – siehe oben - wahrlich nicht dumm, „schlecht“ sein! Er kann ein super, auch schlauer, Mensch sein und auch beruflich sehr erfolgreich – bzw. könnte das sein ohne die Hürde dieser unzumutbar, unnötig komplizierten Sprache.

Und erst recht sagt die Höhe seines Einkommens nichts über Menschen aus, über deren Intelligenz (oder gar Charakter): „Man empfindet es oft als ungerecht, dass Menschen, die Stroh im Kopf haben, auch noch Geld wie Heu besitzen“ (G. Uhlenbruck). Ja, die wirklich intelligenten, guten Menschen machen heute ja auch äußerst selten Karriere – und haben auch wichtigere Werte im Kopf wie nur Gewinne, Profite (zumal ggf. auch noch auf Kosten anderer Leute). Als Ehrlicher ist man zwar heute wirklich sehr, sehr oft „der Dumme“. Aber warum sollen denn dann bitte alle auch weniger ehrlich werden oder noch mehr „Ellbogengesellschaft“- Vertreter? Sollte man nicht eher das gesellschaftliche System ehrlicher, anständiger, sozialer machen? Wo auch nicht mehr die Ehrlichen die Dummen sind? Sondern wo Ehrlichkeit, Anstand, Leistung, Fleiß, guter Charakter, sozial denkende Menschen mehr gefragt und gefördert werden?

Auch wenn das, Änderungen „im Großen“ (gesellschaftlich) einige Zeit dauern mag. Aber Menschen, die da im „Kleinen“ (bei sich) anfangen, das vorleben, sind wenn überhaupt sehr, sehr sympathische und vorbildliche „Außenseiter“, „Sonderlinge“. Wirklich eigentlich nicht „sonderbar“ (negativ gemeint) sondern „wunderbar“!

Und auch wenn „früher war alles besser“ natürlich auch nicht stimmt – das Festhalten an guten (humanistischen) alten Werten ist sicher auch alles andere als langweilig oder antiquiert, dumm!

Und in psychologische Beratungen kommen ständig gerade eigentlich besonders *tolle* Menschen- die sich aber dumm, schlecht, hässlich usw. fühlen... (oft wirklich fast unglaublich). Aber es nicht sind, das wird denen nur eingeredet! Da kommen (gerade, sogar) unfassbar schöne, kluge Menschen – die sich als „hässliches Entlein" bzw. „dumme Gans" fühlen! Und es gibt ja auch z. B. keine hässlichen Menschen. Zumal was schön – oder intelligent oder auch „krank" - ist ja sehr subjektiv ist und auch zu verschiedenen Zeiten, in verschiedenen Ländern völlig anders gesehen wird (ausführlicher z. B. bei Wulf zu lesen). . Und dass die „vorherrschende Meinung" bzw. Normen, das Denken selbst der Mehrheit nicht immer optimale sind - das wissen wir gerade in Deutschland ja besonders gut, spätestens seit „Hitler-Zeiten". Auch wenn da viele Menschen nur den rechten Rattenfängern erlegen waren, deren Propaganda. Gar nicht durchschauten, was die eigentlich wirklich planten. Aber ist alles, was uns heute von der Politik bzw. Wirtschaft, Werbung usw. als so toll und „hipp" verkauft wird wirklich auch immer so fortschrittlich und toll? Sicher ja nicht.

Und selbst wenn man nicht der oder die z. B. „Aller-Hübscheste" ist, was ja aber auch sehr subjektiv ist, und eventuell deshalb bisher keinen Partner fand: Ist man dann selbst schuld? Sicher nicht. Hier fand ich das Beispiel einer jungen Frau in England sehr Aussage kräftig und imponierend. Die einen aufgrund einer schweren Krankheit körperlich ziemlich entstellten jungen Mann heiraten

möchte, auch mit ihm Kinder bekommen, mit diesem zusammen ist und ihn innig liebt auch aufgrund seiner inneren Werte. Was sie glaubhaft vermittelt – wohl auch nicht nur in den Medien, durch die diese Geschichte neulich ging. Dass sie das nur tut um berühmt zu werden ist auch kaum anzunehmen- da sie sich auch sehr viel dafür anhören, sich unzählige Male rechtfertigen musste. Respekt! Ich weiß nicht, ob ich dazu stark genug wäre (auch bei weniger entstellten Menschen). Aber wie gesagt, wenn man das nicht ist wäre das eigene Schwäche und nicht die des Anderen („nicht so hübschen") Menschen – wenn man dann mit Sprüchen wie „du kriegst wohl keinen Anderen" nicht umgehen kann, auch wenn das schwer ist. Obwohl es ein toller Mensch ist. Richtig mies und schwach sind allerdings dann ja auch nur die, die solche Sprüche von sich lassen und viel mehr auf Oberflächlichkeiten achten als auf viel wichtigere, innere Werte ... Die sie selbst auch, alleine schon mit solchen Sprüchen, mit Füßen treten.
Auch „dicke" Menschen werden zudem z. B. in vielen Kulturen verehrt. Endlich werden auch einigermaßen normale Menschen hier als Models akzeptiert und nicht nur (nahezu) magersüchtige, mit so auch völlig fatalen „Vorbildern" für andere Menschen. Trotzdem ist das ja noch nicht die Regel. Nach wie vor gibt es hier ganz „alltägliche", kaum noch spürbare bzw. hinterfragte Dinge, Stressfaktoren, Druck von Kindheit an, die fatale Folgen haben können! So wies z. B. die Deutsche Gesellschaft für Essstörungen (e. V.) noch 2012 darauf hin, dass etwa ein Drittel der Jugendlichen in Deutschland zwischen 13 und 16

Jahren mit der eigenen Figur unzufrieden ist. Bei Mädchen und Jungen sind demnach Essstörungen inzwischen weit verbreitet, auch hier schon wegen zu viel Stress! Magersucht ist laut Informationen der Medizinischen Hochschule Hannover zudem die psychische Erkrankung mit der höchsten Sterblichkeit. Und das nur wegen einem nach wie vor viel zu übertriebenem Körperkult bzw. „Schönheits-„ Wahn in der Gesellschaft bzw. der „Mode"-Schöpfer. Und das betrifft beileibe auch nicht „nur" Kinder und Jugendliche, sondern auch Erwachsene, wie immer wieder auch in der therapeutischen Praxis festgestellt werden muss. Das sich zu dick, hässlich und dergleichen fühlen spielt bei unglaublich vielen – gerade eigentlich sogar sehr hübschen (und schlanken) – Menschen oft eine sehr große Rolle für Selbstzweifel. Ja auch kein Wunder, wenn nunmehr schon Generationen mit „Barbie und Co." aufwachsen, die völlig ungesunde bzw. unrealistische „Schönheiten" vorgaukeln (und der Stress im Alltag heute zudem natürlich auch viel „Frustessen" bzw. „Kummerspeck" erzeugt bei Menschen, gerade auch herzlichen, sozial eingestellten, denkenden, mitfühlenden - die auch noch unter Not anderer Menschen leiden, mitfühlend, bzw. unter heute zahlreich vorherrschenden Ungerechtigkeiten für diese, sich auch darum kümmern statt einfach wie andere wegzusehen, was natürlich einfacher ist und weniger stresst. Wären mehr Menschen so –positiv!- sozial eingestellt, aktiv , würden Verantwortung übernehmen würde das die Guten ja auch entlasten bzw.

weniger belasten- also sind ja auch nicht die Guten, sondern die Anderen das Problem)!

Obwohl das im Wandel der Zeit ja auch oft völlig anders gesehen wird bzw. in anderen Städten oder Ländern. Millionen Menschen wurden beispielsweise ja wegen ihrer Brillen gehänselt ... In Berlin oder New York sind Brillen heute i. d. R. sogar ziemlich „hipp“ ... usw.

Und selbst wenn man einmal etwas „gegen den Strom schwimmt“ bzw. wirklich etwas Außenseiter sein sollte – das muss ja auch nicht schlecht sein (wenn auch sicher oft nicht einfach).. Spätestens seit Hitler- Zeiten weiß man ja gerade auch in Deutschland, dass wirklich stimmt (selbst) „Wenn 50 Millionen Menschen etwas Dummes sagen, bleibt es trotzdem eine Dummheit“ (Anatole France). Gerade deshalb sollte es gerade in diesem Land ja viel mehr Freiheit im Denken geben, für Andersdenkende – was ja bekanntlich wahre Freiheit ausmacht - bzw. (auch oft nur etwas) „aus der Norm Fallende“. Und selbst Menschen, die früher nicht einmal für „überlebensfähig“ gehalten wurden bzw. sogar nicht für „lebenswert“ können dies heute völlig problemlos sein, selbst „schwerstbehinderte“ – *wenn sie entsprechend gefördert werden.* Oder wenigstens nicht- auch „nur“ durch Vorurteile- benachteiligt! In der Tat stimmt ja auch „man ist nicht behindert – man wird behindert“. Das gilt auch nicht nur für „Behinderte“, sondern auch sonst Menschen, denen man zu wenig zutraut, auch z. B. wegen Vorurteilen, aufgrund ihrer -sozialen, kulturellen usw.- Herkunft, Geschlecht oder warum auch immer! Wenn jemand etwas nicht so gut kann ist das auch nahezu immer nicht dessen Schuld, sondern dass sie oder er bisher noch nicht richtig unterstützt bzw. gefördert wurde! Bzw. noch nicht die richtigen Hilfsmittel bekam ... Selbst der amtierende Rechen-Weltmeister kann z. B. nicht einparken. Da fehlt dem (räumlich) *-rechnerisches* Denken. Aber das muss er auch nicht ... Er könnte sich wohl einen Chauffeur leisten bzw. zumindest Einparkhilfen. Und viele bedeutende Wissenschaftler, Forscher, auch Professoren usw. wären das wohl nie geworden, wenn man nicht z. B. den Computer erfunden hätte oder Taschenrechner und andere Lern- und Arbeitshilfen ... Und sie den auch nutzen konnten, durften (wenn viele Menschen nicht genug Förderung bekommen, auch Hilfsmittel usw. können die natürlich auch i. d. R. nicht so viel erreichen, aber eben nur deshalb – und nicht wegen mangelnder Intelligenz oder dergleichen! Und das gilt nicht nur in sogenannten „Entwicklungsländern", sondern, gerade, auch in Deutschland!). Bzw. wenn sie sich nicht auf ihre Stärken konzentriert hätten (was natürlich dann bedeutet, dass man andere Sachen nicht ganz so gut kann, das macht ja aber meistens nichts). Viele Menschen, die in Deutschland „nur" Hartz-IV-Empfänger waren wurden zudem im Ausland z. B. anerkannte Fachkräfte, weil es für sie dort bessere Bedingungen gab bzw. viel mehr darauf geschaut wird, was Menschen eigentlich *praktisch, in der Tat – tatsächlich-* können ... Was ja natürlich entscheidend sein sollte, denn sonst ist ja wirklich alle Theorie (wenn man dort schlecht aber praktisch gut ist) mehr als grau! Spätestens die PISA-Studien belegten ja zudem, dass gerade auch in Deutschland Vieles nicht von Leistungsvermögen, sondern von Herkunft abhängt – wofür man ja nichts kann, man bekommt dann „nur“ nicht gleiche Möglichkeiten, Chancen zur Entwicklung usw. Und viele aus Deutschland Ausgewanderte, die sich dort oft fast umgebracht hätten, weil sie sich da als „Nichtsnutz“, „Loser“, Versager, fühlten ... wurden anderswo, unter besseren Umständen – oft auch „nur“ weniger Vorurteilen - glücklich und erfolgreich. Das zeigt ja auch: Ein „Nichtsnutz“, Loser ist kein Mensch! Passen Sie bitte gut auf sich bzw. Ihnen wichtige bzw. anvertraute Menschen auf! Auf gute Menschen- die sich für schlechte, schwache, Versager fühlen ... Aber eigentlich Opfer von Umständen bzw. versagenden (auch Bildungs-) Systemen werden, die auch viel zu wenig Individuen bzw. deren ganz spezielle, individuellen Stärken fördern!

Burn-out und Mobbing – Opfer sind aber natürlich nicht schwach oder „Versager“. Aber Kräfte und Nerven versagen natürlich - wenn sie von anderen, schlechteren, Menschen oder Umständen überfordert, ausgenutzt, gequält werden! Zumal wenn man nicht genug Unterstützung, Schutz bekommt. Und Stärken, Kräfte auch nicht richtig genutzt, eingesetzt, gefördert werden – sondern verheizt, vergeudet durch widrige Umstände, Bedingungen (bzw. Leitungen).

Und dieses Quälen, Diskriminieren bzw. Überfordern, Ausnutzen, Ausbeuten und dergleichen sollte ja auch für alle Menschen Thema sein. Denn das zu dulden ist ja auch nicht (ethisch, moralisch) o. k. Ohne „Dulder“ hätten die Täter auch keine Chance. Und es kann ja auch jeder zum Opfer werden, wie ja gerade auch die deutsche Geschichte beweist – und auch mahnt, dass so etwas nicht einfach hingenommen werden kann, auch dass (immer mehr) Menschen zu Außenseitern oder „Schwachen“ bzw. „Schlechten“, „Makelhaften“ abgestempelt werden (auch aufgrund reiner Äußerlichkeiten, Oberflächlichkeiten). Auch, aber nicht nur, aus Solidarität und Menschlichkeit, Humanismus, auch im eigenen Interesse. Auch weil man sonst eventuell viel schneller auch zum „Außenseiter“ werden kann als man denkt. So wie es auch Martin Niemöller beschrieb, nachdem er auch selbst im K. Z. gelandet war :

„Zuerst holten sie die Kommunisten;
ich schwieg, denn ich war kein Kommunist.
Dann holten sie die Juden;
ich schwieg, denn ich war kein Jude.
Dann holten sie die Gewerkschaftsmitglieder unter den Arbeitern;
ich schwieg, denn ich war kein Gewerkschafter.
Danach holten sie die Katholiken;
ich schwieg, denn ich war Protestant.
Schließlich holten sie mich,

und da war keiner mehr, der für mich hätte sprechen können".

III. Opfer von Mobbing und Burn-out sind fast immer sogar (besonders) gute, starke kluge Menschen

Bilder, Beispiele und auch (Volks-) Weisheiten – also ja auch die Erfahrungen bzw. Weisheiten sehr vieler Menschen - sagen und zeigen bzw. mahnen ja oft mehr als 1000 Worte ...
Deshalb hier auch immer wieder einige, die wohl gut zeigen worum es hier im Grunde genommen geht. Bzw. gehen sollte ... Und die auch sicher sehr zu denken geben können und das auch sollten. Denn nochmals, da so wichtig: *Kein* Mensch ist ja „frei von Fehlern", keiner auch „ohne Schuld". Also wirklich: Wer hat das Recht über andere Menschen „Gottähnlich" zu richten, urteilen, die zu „verurteilen"? „Wer werfe den ersten Stein?". Wirklich: *Nobody* (!) is perfect , ohne Fehler bzw. „Makel". Gerade die Leute, die es eigentlich gerade nötig hätten und doch lieber erst einmal vor der „eigenen Haustüre kehren sollten" werfen aber wirklich oft mit „Steinen" um sich – durch üble, dumme Nachrede bis hin zu Mobbing, Verbreitung dummer Vorurteilen usw. Wohl wirklich oft auch um von eigenen

Unzulänglichkeiten – oder auch Fiesheiten – abzulenken. Oder auch „nur“ aus Dummheit, Langeweile, ... warum auch immer. Es ist jedenfalls nicht o. k.! Während bessere, anständige Menschen fast immer viel toleranter sind, zumindest auch erst einmal Fehler bei sich suchen (oft leider nur viel zu viel ... und zu wenig bei anderen Menschen bzw. schlechten Umständen, Bedingungen – oder auch einfach Zufällen, „dumm gelaufen“). Und „Jeder Wissende irrt sich, jedes edle Pferd stolpert“ (aus dem Arabischen/Chinesischen). In der Tat: Irren ist menschlich – jeder Mensch irrt sogar normalerweise öfters als er etwas (gänzlich) richtig macht (und ist natürlich auch im Nachhinein schlauer). Schlauere Menschen beschäftigen sich zudem auch mit schwierigeren, komplexeren Fragen – wo man sich auch noch öfters irren kann ... Aber natürlich auch in unzähligen Alltags-Angelegenheiten. Dazu ist das Leben, gerade heute, viel zu komplex und ja oft auch viel zu unvorhersehbar und menschliches Wissen und Können auch viel zu begrenzt. Wir sind ja keine „allmächtigen“ oder „allwissenden“ Götter! Alle weisen Menschen, großen Dichter, Denker und Wissenschaftler wussten das auch – z. B. ein I. Newton: „Was wir wissen ist ein Tropfen – was wir nicht wissen ein Ozean“! (Weiteres zu diesem zentralen Punkt, auch dass jeder Mensch unzählige Stärken und Schwächen hat, haben muss- sonst wäre er schon lange gestorben- bei Interesse auch z. B. bei – vgl. bitte Literaturverzeichnis - Bollnow, Brezinka, Degen, Griesebach, Gudjons, Korte, Largo, Luhmann, Tenorth,

Lüssi, Oelkers, Peschel, Peseschkian, Schäfer, Schweitzer, Spranger, Wulf, Zimbardo).

Das gilt sicher gerade auch für jüngere Menschen, die natürlich auch noch nicht so viel Wissen und Lebenserfahrung gesammelt haben können. Aber auch für selbst älteste, klügste Menschen. Deren (Alters-)Weisheit besteht ja sogar gerade nicht zuletzt in dieser Erkenntnis und auch der Notwendigkeit des gerade heute ja auch oft viel besagten „lebenslangen Lernens“: „Älter werde ich stets, niemals doch lerne ich aus“ (Solon). Zumal es heute ja auch immer wieder sehr viel Neues gibt, auch technisch usw. Auch in nicht-technischen Berufen und auch privat, mit neuen Medien etc.

Und gerade sehr schlaue Menschen werden immer mehr offene Fragen als Antworten haben. Wer sich auf hohem Niveau mit wissenschaftlichen, sozialen oder welchen Themen auch immer beschäftigt wird natürlich auch öfters an Grenzen oder auf Probleme stoßen als Menschen, die sich auf recht niedrigem oder oberflächlichem Wissens- bzw. Leistungs- oder sozialem Niveau bewegen! Das klingt lapidar, aber solche klugen Menschen halten sich oft für dümmer deshalb – weil sie mehr Probleme, Fragen, Zweifel bzw. es „nicht so einfach haben". Die Fragen, mit denen sich z. B. Einstein, große Staatsmänner, Goethe, Schiller und andere Dichter, Denker, Philosophen usw. beschäftigten waren aber natürlich auch schwerer als die anderer Leute. Sie hatten es deshalb oft auch schwerer um zu Lösungen zu kommen. Und auch Menschen unter „Normalbürgern", die sich um „Gott und die Welt" inklusive Mitmenschen Gedanken, Sorgen machen bzw. sich um die kümmern – auch in und außerhalb der Familie bzw. im Freundeskreis, bei der Arbeit oder ehrenamtlich - haben natürlich auch mehr um die Ohren als jemand, der recht oberflächlich bzw. egoistisch oder gar „nach mir die Sintflut" durch die Welt läuft, sich um diese bzw. Mitmenschen wenig schert! Bzw. auch noch auf deren Kosten lebt bzw. „Spaß hat".

Und wer z. B. mehr arbeitet, z. B. auch „nur" für die Familie bzw. deren Ernährung oder auch „nur" als Schüler, Auszubildender, Student usw. , kann natürlich auch mehr Fehler machen. Ist ja deshalb aber nicht dümmer sondern „nur" fleißiger bzw. gewissenhafter, sozialer- und hat oft auch viel mehr zu bieten, kann mehr leisten ... Was einige (nicht zuletzt auch weniger „bemittelte" bzw. gute) Leute eben leider auch gerne ausnutzen bzw. was diese neidisch macht ... bzw. ängstlich (dass dadurch ihre Position gefährdet werden könnte bzw. ihre Schwächen offensichtlicher). Was wiederum Menschen mit guten Leistungen, Fähigkeiten, Eigenschaften, natürlich zu „geborenen" Opfern macht für Menschen, die das ausnutzen möchten – was zu Burn-out führen kann – bzw. für, auch aus Neid, Mobbing. Aber eben nicht weil sie irgendetwas falsch machen oder schlechte Eigenschaften haben – *im Gegenteil!* Ihr *Gutes* erzeugt nur viele Neider bzw. Menschen, die das ausnutzen wollen (oder die das fürchten, weil sie weniger gut sind ...). Das ist eine so unbedingt wichtige Erkenntnis, die – vgl. das im Vorwort gesagte – über Leben entscheiden bzw. diese retten kann, auch mit daraus veränderter Einstellung, Sicht der Dinge! Sich eben auch nicht als schwach, dumm sehen und fühlen– sondern, im Gegenteil, natürlich der Unterstützung wert als *guter, toller Mensch, unschuldiges Opfer*!

IV. Burn-out, Mobbing, Vorurteile – alles doch nicht so schlimm? Doch! Das kann immer fatal, tödlich enden!

Und: Sei was du bist – mit Unterstützung dabei

Auch z. B., nicht zuletzt, Eltern (und Pädagogen) sind natürlich wirklich auch nur Menschen. Die – *alle* – natürlich auch irren, Fehler machen, natürlich auch mit ihren Kindern ... So gesehen ist auch kein Mensch, kein Vater und keine Mutter (ebenso wie natürlich auch jeder andere Mensch, auch Kinder) „frei von Schuld“. Und Eltern sind auch verantwortlich für ihre Kinder, ja. Sie haben sie ja in die Welt gesetzt ohne zu wissen, ob die das wirklich wollten oder nicht mal bereuen würden. Die Kinder wurden vorher nicht gefragt, konnten sich auch nicht wehren. Auch Eltern nicht aussuchen oder sonstige Umstände – z. B. wann und wo sie geboren wurden, in welche Gesellschaft usw. Und auch nicht abwägen, ob sie bei allem möglichen Leid – vielleicht ja auch durch Mobbing, Burn-out - auf der Welt vorziehen lieber nicht dahin zu kommen, trotz allem dort auch möglichem Spaß, Freude (das man ja auch der Geburt, also auch den Eltern mit verdankt). Zumal sehr Vieles ja auch nicht vorhersehbar ist ... Das ist alles auch ein riesiges Dilemma. Eine sehr große Verantwortung der Eltern für die Kinder – weshalb man Menschen, die diese nicht tragen wollen auch keine Vorwürfe machen sollte. Nur sollte man aber dann natürlich das den Menschen, die diese wohl schwerste Verantwortung der Welt übernehmen – Eltern sein- auch keine Vorwürfe machen, wenn sie einmal etwas nicht optimal machen, außer das geschieht wirklich sehr grob fahrlässig oder gar absichtlich, was ja aber in den aller-wenigsten Fällen passiert! So oder so. Wer viel arbeitet kann natürlich auch hier viele Fehler machen. Ist ein fauler Mensch, der deshalb ggf. weniger Fehler macht, dann aber ein „besserer"? Und Eltern übernehmen auch mehr Verantwortung – auch ganz existenzielle, schwere (Leben schaffen – ohne Leben retten zu können) – und für die Existenz der Gesellschaft unbedingt nötige (ohne Nachwuchs würde die ja aussterben) Arbeit, können also auch mehr Fehler machen ... Sind dann aber natürlich auch dadurch keine schlechteren Menschen!

Sicher nicht ... Sie sind (bzw. fühlen sich mit der Zeit dann auch so) aber unzählige Male, neben Pädagogen, angeblich verantwortlich, „Prügelknaben" für fast alles was Schlechtes passiert - denn Bildung ist ja bekanntlich die Grundlage für die Wirtschaft, Zukunft eines Landes ... Für – in Deutschland ja auch, spätestens seit PISA- Studien, bekanntlich – schlechte (Bildungs-) Politik sind aber ja eigentlich natürlich nicht Eltern und Pädagogen verantwortlich - sondern dafür verantwortliche Politiker. Trotz der schlechten Politik bzw. bekanntlich zumindest suboptimalen Zuständen in deutschen Kindergärten, Schulen, Hochschulen, Berufsschulen, Unternehmen usw. leisten Eltern und Pädagogen eher ja sogar meistens unglaublich viel Gutes. Zumal bei so einer existentiellen Verantwortung, mit so oft auch Unwissen, was gut ist für ihre Kinder ... Zig Mal jeden Tag aber auch bei ganz grundsätzlichen, wirklich zutiefst existentiellen Fragen. Passieren dann Fehler ist das natürlich kein Grund zum Schämen!

So kommen in Deutschland beispielsweise ca. 95 % der Kinder mit „Trisomie 21" (früher „Down-Syndrom" genannt bzw. die Kinder mongoloid, „Mongo" auch als eines der geläufigsten Schimpfworte für andere Opfer von Hänseleien) gar nicht erst zur Welt. Weil deren Eltern Ideologien wie unter Hitler befolgten, von wegen „unwertem" Leben oder dergleichen? Natürlich, nahezu immer, nicht. Sondern weil die Eltern diesen Kindern viel Leid ersparen wollen, gerade auch im wirklich nicht gerade „Behinderten-/Kinder-freundlichen" Deutschland. Das ja aber, auch wenn man die sicher auch teilweise kritisch sehen kann, z. B. eben bei „PISA- Studien" weit hinter vielen anderen Ländern liegt, z. B. in Skandinavien. Wo, auch z. B. in unserem Nachbarland Dänemark, in der Regel aber auch viel mehr für „Behinderte" und andere Menschen, Kinder und Eltern getan und vieles auch einfach diesbezüglich freundlicher bzw. auch nicht so eng gesehen wird wie in Deutschland. Dort kann dann natürlich auch „mehr werden" aus Menschen! Dass in Deutschland Menschen bestimmter Herkunft so wenig Chancen haben ist ja auch nicht deren (oder derer Eltern) Schuld oder „Versagen", wie es zu unrecht auch oft dargestellt wird. Sondern in unzureichenden Förderungen, Chancen begründet– bzw. viel zu vielen, sehr oft auch eigentlich völlig unnötigen, Hürden, Vorurteilen usw.

Vor einigen Monaten wurde auf „Stern TV" auch einmal interessanterweise erforscht, wie es den zur Welt gekommenen (5 %) Kindern und deren Eltern selbst in Deutschland ergeht, mit „Trisomie 21". Die früher noch mehr als heute – auch heute aber hinterrücks noch viel zu oft – als „Mongos" bezeichnet wurden- quasi auch „Sinnbild" waren für „Krüppel", fast nur „Macken hafte" Menschen (natürlich zu unrecht!). Aber diesen Kindern geht es- ebenso wie sehr vielen anderen „Schwerstbehinderten"- fast immer, sogar außerordentlich, *gut*! Wenn auch natürlich auch nicht immer, ebenso wie auch allen anderen Kindern bzw. Menschen. Aber Eltern sollen, müssen entscheiden, ob sie solche oder andere Kinder, die ja später auch sicher einmal krank werden, leiden und – manchmal auch qualvoll - sterben müssen zur Welt bringen ... (und für „Abtreibungen" bekommen Eltern noch Vorwürfe – obwohl sie bei besseren Förderungen gerne das Kind bekommen hätten ...). Welch unglaubliche Verantwortung und Leistung, die alleine dadurch, neben allem anderen, schon Eltern abverlangt bzw. von diesen erbracht wird! Man sollte also ja viel mehr den Eltern riesigen Respekt für all ihre gewaltigen, unzähligen Leistungen, Verantwortungsbereitschaft usw. zollen! Zumal ohne das die Gesellschaft ja wirklich, unübertrieben gesagt, gänzlich aussterben würde! Und bitte nur den Leuten, die diesen Vorwürfe machen oder „Behinderte" oder andere

Menschen verunglimpfen Vorwürfe machen – das auch gerne viel mehr!

Deutschland rühmt sich ja so als Sozialstaat ... Aber die Realität? Ich hatte z. B. auch die Ehre neulich ein Paar kennenzulernen in einer Beratung, die zu o.g. 5 % Eltern gehören. Also eine super Aufgabe, Leistung auf sich genommen haben. Unterstützung durch den Staat oder irgendeine Anerkennung, Respekt dafür? Gegen Null. Aber unendliche bürokratische Hürden, dummes Angemache selbst von Pädagogen, Therapeuten, Ämtern ... Einen Platz im Kindergarten zu finden war nur mit starkem Kampf möglich, dann sollte doppelte Gebühr für das Kind bezahlt werden – da es ja auch eine „doppelte Belastung" wäre (!)... Da fehlen einem wirklich fast die Worte. Das Eltern -Paar war so natürlich nach einigen Jahren sehr „ausgebrannt". Aber weil das Kind „ein Problem" war? Nein, gar nicht, es machte eigentlich auch keine „besonderen Umstände". Es ist sogar im Kindergarten ein ganz wichtiges Element für das soziale Lernen dort, auch sehr lebensfroh. Dort und zuhause eigentlich wirklich beglückend, ein wahrer Sonnenschein. Aber die Umstände ... Und so etwas ist halt leider alles andere als ein Einzelfall oder die große Ausnahme! Obwohl selbst solche tatsächlichen (hier genetischen) Mängel nicht einmal ein Problem sein bräuchten, das sogar besonders gute und glückliche Menschen werden können. Schlecht, dumm ist ja nur, was daraus gemacht wird, inklusive natürlich auch aller dummen Anmachen für die Kinder und Eltern. *Die* Leute, die das machen sind ja dumm oder schwach! Vielleicht auch nur aus Unwissen – aber dann müssen *die* ja eigentlich an sich arbeiten, sind *die* bzw. bessere Aufklärung, Möglichkeiten für Integration usw. jedenfalls das „Problem"! Und das natürlich auch wenn man sich über andere „Macken" bzw. „Mängel" von Menschen lustig macht bzw. diese (oder auch Stärken von Menschen!) ausnutzt in welcher Form auch immer, bzw. missbraucht! Was ja erbärmlicherweise sogar gerade oft mit kranken, armen, älteren, „behinderten" Menschen passiert. Aber auch mit anderen – und alle Menschen haben ja Stärken aber auch Schwächen, „Makel" und „Mängel" – Menschen sind ja auch *alle* bekanntlich „Mängelwesen"! Sucht man nach Mängeln, Fehlern wird man die natürlich bei *jedem* Menschen finden. Unzählige. Aber wozu?

Und viele „Mängel" sind natürlich auch eigentlich keine. Z. B. auch älter zu werden. So titelt z. B. der Berliner Tagesspiegel am 29. 4. 2012 mit „Der Jugendwahn ist vorbei". Und berichtet, dass endlich ein gesellschaftliches Umdenken stattfindet – in einer ja auch immer älter werdenden Gesellschaft. Wo endlich auch z. B. Unternehmer erkennen, dass ältere Menschen mindestens genauso leistungsfähig sind wie jüngere – und dazu noch mehr Erfahrung mitbringen können (auch wenn das in der Praxis sicher weiter zu wenig berücksichtigt wird, auch wenn einige Firmen nun ehem. Mitarbeiter, sogar schon Rentner, wieder um Mitarbeit bitten ...). Trotzdem musste, wie dort auch berichtet, ein Betroffener kürzlich klagen, damit er nicht aus Altersgründen entlassen wurde. Mit

Erfolg (sich so etwas nicht gefallen zu lassen ist natürlich auch zu empfehlen, zumindest häufig auch erfolgreich bei guter Unterstützung). Allerdings auch, weil sein Unternehmen eben auch offiziell damit, „zu alt", begründet entlassen hat. Was ein Unternehmensberater dort kommentierte, dass das gar nicht nötig gewesen sei, man ja auch aus irgendwelchen anderen Gründen, fadenscheinigen, hätte kündigen können (!) ... Was sicher auch sehr oft bei unliebsamen, nicht nur älteren, sondern auch z. B. kritischen, Mitarbeitern getan wird ... Wie ja auch z. B. die nun bekannte Berliner Altenpflegerin, die auf äußere Mängel, Missstände in dem Heim, in dem sie arbeitete hingewiesen hat - und das Heim, als sonst nichts half, deshalb anzeigte. Erst dann wurde dort etwas geändert, pflegebedürftige ältere Menschen nicht mehr teilweise verwahrlost (auch z. B. im Kot liegen) gelassen. Aber sie wurde entlassen. Und musste 7,5 (!) Jahre dagegen klagen, mit der Zeit natürlich auch sehr ausgebrannt materiell und seelisch, bekam erst bei europäischen Gerichten Recht! Die auch bestätigten, dass man als Beschäftigter ein Recht hat bei solchen Vorfällen Kritik zu üben, auch öffentlich (auch ein sehr wichtiger Erfolg, auch für andere Menschen)! Ihr Recht bekam sie faktisch in Deutschland aber auch erst längere Zeit später, Mitte 2012, mithilfe eines Solidaritätskreises ("menschenwürdige Pflege") mit bundesweiter Unterstützung – sodass ihr „Arbeitgeber" dazu verurteilt wurde sämtliche Kündigungen von ihr, Frau B. Heinisch, zurückzunehmen und ihr wenigstens eine Abfindung zu zahlen (90. 000 €). Immerhin, wenn auch kein wirklicher

Ersatz für all ihr Leiden. Und ihren Job. Mit so angesichts dessen eigentlich sogar eher lächerlichen Abfindungen überlegt man sich natürlich auch eher (in ähnlicher Situation wie die Dame) ob man so etwas riskiert. Hier wurden in anderen Ländern auch schon viel höhere Summen, teilweise Millionen, zugesprochen. Der deutsche „Rechtsstaat", deutsche „Rechtssprechung" muss sicher auch viel kritischer gesehen werden (und wird das ja auch oft, z. B. auch vom Europ. Gerichtshof für Menschenrechte), als sie das selbst gerne hätte ...

In der gleichen Ausgabe berichtet der „Tagesspiegel" auch was die Stadt Köln und deren Reiz, fast schon Mythos und oft „liberalen Geist" ausmacht. Nicht zuletzt demnach, „weil man nirgendwo sonst so großzügig über eigene Mängel hinwegsieht". Und auch die andere Hochburg „liberaleren Lebens" in Deutschland, Berlin, wirbt ja damit „arm aber sexy" zu sein. Man kann aus Makeln also sogar noch einen Reiz bzw. ein „trotzdem" machen. Nicht nur als Stadt, sondern eben auch für sich, als Mensch (auch wenn natürlich auch Armut nicht sein braucht und nicht hingenommen werden sollte von Verantwortlichen).

Das kann das Selbstbild bzw. „Image" ja entscheidend verändern. Und der Blick auf Dinge kann ja wirklich (auch gänzlich) entscheiden, wie eben, s. oben, z. B. auch W. James sagte "Die größte Entdeckung meiner Generation ist die, dass der Mensch nur durch Änderung seiner Einstellung sein Leben ändern kann.". Wie ja auch durch berühmte wissenschaftliche Experimente belegt. So z. B. eben das – z.

B. bei Zimbardo zu finden - dass rassistisch gesinnte Menschen viele Dinge ganz anders wahrnehmen als andere Menschen. Und den Blick von „Makeln", wenn diese überhaupt welche sind, auf andere Seiten von Menschen zu richten kann eben auch entscheidend sein. Was wir ja gerade auch in Deutschland, spätestens seit Zeiten z. B. der Juden- Verfolgungen, bestens wissen (und auch Juden hatten damals ja auch nur *vermeintliche* „Verhaltensauffälligkeiten", Auffälligkeiten, Makel, bekamen nur noch ärmliche Kleidung, Ernährung usw. Aber auch nicht weil sie etwas falsch oder schlecht machten, waren – sondern schlechten Umständen geschuldet!). Schönheit liegt zudem ja auch in den Augen des Betrachters, ja. Entscheidend ist ja aber auch, s. oben, *wie* man betrachtet (so oder so kann man Dinge, Menschen auch, teilweise völlig, anders sehen, wie eben auch wissenschaftlich erwiesen rassistisch gesinnte Menschen die gleiche Sache, Menschen etc. ganz anders – bzw. anders deuten, nicht „nur" deren Haut- oder Augenfarbe)! Und auch welche Bilder man so in der Öffentlichkeit verbreitet bzw. auch da mit Menschen umgeht. Auch z. B. in Castingshows, wo man Menschen respektlos behandelt, bloßstellt – was z. B. ja auch der Kinderschutzbund immer wieder kritisiert. Und glücklicherweise nun ja auch immer mehr Zuschauer quittieren mit teilweise erdrutschartig schwindenden Zuschauerzahlen für so etwas. Das, nahezu Massen-Mobbing, ist und sollte ja auch wirklich nicht „Schule machen", als „Vorbild" für die Gesellschaft, Umgang mit Menschen.

Und gerade Pädagogen haben natürlich auch die Aufgabe Gutes im Menschen zu suchen und fördern- deren Stärken bzw. auch bei Schwächen, unterstützen und auch zu schützen – natürlich gerade auch vor Mobbing oder Ausnutzen, Missbrauch. Dass das sehr viele nicht (ausreichend) tun und einige sogar selbst an Mobbing oder Missbrauch zumindest beteiligt sind – auch „nur“ durch dies dulden -ist natürlich wirklich eine der schwärzesten Seiten der menschlichen, auch deutschen, Geschichte bzw. Pädagogik. Und muss natürlich aufs Schärfste bekämpft und bestraft, auch aufgearbeitet und verfolgt, dem auch vorgebeugt werden! Selbst hier müssen Opfer ja oft Jahre bzw. Jahrzehnte um zumindest einigermaßen Anerkennung kämpfen bzw. dass Täter endlich bestraft wurden! Und wo sich Opfer sogar, teilweise mehr brutal und grausamst gequält als sich ein gesunder Verstand bzw. Seele überhaupt vorstellen kann, immer noch zumindest Mit- Schuld gegeben haben- nachdem sie das auch von Außen bekamen ... Unglaublich aber leider wahr. Und eine ganz große Mahnung, dass kein Opfer von Mobbing, Ausnutzung, Ausbeutung, Missbrauch – auch in „geringerer“ (aber für Opfer kaum weniger schlimmen) Form - sich als mit schuldig fühlen sollte! Das hat natürlich kein Mensch „verdient“, auch wenn man irgendetwas auch einmal falsch machte oder irgendeinen „Makel“ hat – das macht bzw. hat ja jeder Mensch. Und egal, wie kurz („aufreizend“) z. B. der Rock einer Frau war, die vergewaltigt wurde – natürlich trägt sie absolut keine Mit- Schuld. Ebenso wie keines der o. g. Opfer von auch anderen Formen von Missbrauch,

Ausbeutung, Ausnutzung, Mobbing und dergleichen, warum auch immer!

Und Folgen davon können wirklich extrem grausam sein- für Betroffene und oft ja auch noch Angehörige, Partner, Familien. Bei Burn-out bekanntlich bis zum Tod nicht nur durch Suizid (den auch viele Mobbing-Opfer aus Verzweiflung begehen) sondern auch z. B. durch Herzinfarkt, Schlaganfall usw. Selbst bei jungen Menschen! Aber auch bei Mobbing: Jeder von uns weiß ja auch, dass z. B. selbst eine unglückliche, gar nicht so böse gemeinte, Bemerkung z. B. in der Kindheit oder Pubertät verheerende Folgen haben kann – z. B. „Brillenschlange". Oder eigentlich besonders sehr attraktive Menschen – mit oder ohne Brille - bekommen z. B. von Eltern und später Partnern nicht oft gesagt wie toll sie aussehen, da für andere eigentlich völlig „offensichtlich". Eltern denken dann z. B., dass ihre andere Tochter nicht so offensichtlich hübsch ist, man eher der öfters aufbauend sagen sollte „du siehst doch auch gut aus". Aber die eigentlich als hübschere angesehene bekommt kaum noch Komplimente, da ja *vermeintlich* nicht nötig ... *Die* fühlt sich dann aber deshalb oft als „nicht hübsch". Das wird später auch noch „bestätigt", weil auf Partys und sonst z. B. alle anderen Mädchen bzw. Frauen angesprochen werden nur sie nicht ... Aber nicht weil sie so schlecht aussieht. Sondern – im Gegenteil - so toll, dass sich keiner an sie herantraut , da „eh ne andre Liga" (bessere!) bzw. „die kann nicht mehr solo sein, wartet bestimmt nur auf ihren Freund". Dann bekommt sie von anderen neidischen Mädchen, Frauen noch Schimpfwörter (s. oben) an den Kopf, fühlt sich endgültig dumm und hässlich ... Die Betroffene – und solche, manchmal gerade unglaublich gut aussehende, Menschen kommen sehr häufig gerade mit diesem Thema in psycholog. Beratung! -denkt dann immer mehr, dass sie ein „hässliches Entlein" wäre. So etwas kann das Selbstwertgefühl von Menschen natürlich dauerhaft schädigen. Und dann auch das Selbstbewusstsein. Man ist dann, so – vermeintlich - „hässlich" z. B. auch froh überhaupt einen Partner zu finden, sucht auch nur unter den weniger guten - der aber dann gar nicht gut ist für einen und einen sogar offen ausnutzt. Und weiter schlecht macht ... Das kann Menschen so zerstören!

Oder kann zumindest ganz, ganz erheblich daran hindern ihr Potenzial auszuschöpfen, mehr – bzw. überhaupt – erfolgreich, glücklich zu werden. Wenn es z. B. auch bescheidene Menschen sind, ja bekanntlich eigentlich eine Zier – also gute Eigenschaft. Nur wenn äußerst viele Menschen, die eigentlich gar nicht so viel zu bieten haben, sich immer wieder rühmen, wie toll sie sind – und das können die dann doch gut (oder auch sich mit einflussreichen Menschen, die auch Urteile über andere sprechen können, auch im Beruf, verbinden)– gehen die eigentlich viel Besseren eben leicht „unter". Und zweifeln viel zu sehr an sich, halten sich für die Schlechteren. Und handeln dann oft auch so – nicht so gut wie sie es eigentlich könnten. Bekommen dann auch nicht mehr so viel Wertschätzung (wie es eigentlich möglich wäre). Und leiden natürlich sehr darunter.

Das ist natürlich schon tragisch genug, selbst wenn es von Anderen unabsichtlich angerichtet wird, ohne böse Absicht.. Man kann so Menschen wirklich ihre Zukunft, evtl. ihr Leben rauben ... Auch „nur" dadurch, dass man zu wenig an sie, ihre Entwicklungsfähigkeit glaubt, ihnen zu wenig Mut macht! Selbst ein Dieter Bohlen berichtete in einer Ausgabe des „Supertalents" davon, wie viele Experten ihm immer wieder sagten, dass er es in der Musikbranche zu nichts bringen wird (heute ist er ja, auch wenn man ihn sicher auch kritisch sehen kann, einer der erfolgreichsten Produzenten bzw. Musiker aller Zeiten .... Aber auch mit viel Glück, das auch nicht jeder hat, der so demotiviert wurde). Natürlich kann man, auch als Pädagoge, auch einmal ein Talent unabsichtlich verkennen. Aber wenn solche negativen Bemerkungen bzw. „schlecht machen", nichts zutrauen, Mobbing usw. auch noch absichtlich und noch gravierender erfolgen ist es natürlich ein *Verbrechen,* das sogar noch mehr Menschen zerstören kann als z. B. eine Vergewaltigung oder sexueller Missbrauch! Zumal wenn es als „nicht so schlimm" oder gar „verdient", „selbst schuld" angesehen wird (wie ja auch z. B. extrem grausam für deutsche Frauen um 1945 war, dass sie nicht einmal wirklich über angeblich „verdiente" Gewalt, Vergewaltigungen im Krieg reden durften, als „Kriegsbeginner". Was sehr viele in den Suizid trieb bzw. völlig vernichtete, auch noch Jahrzehnte danach). Aber selbst bei einer Vergewaltigung bzw. sexuellem Missbrauch müssen – ebenso wie nach Mobbing und Burn-out -

natürlich auch nicht Menschen endgültig zugrunde gehen – wenn sie Hilfe bekommen, Unterstützung und Verständnis! Bei Reaktionen wie „ist doch nicht so schlimm“ und keiner wirklichen Hilfe, nicht einmal Verständnis, kann das aber tödlich enden und tut es auch oft, ebenso wie bei Mobbing! Denn Sachen zu verharmlosen oder zu sehr schönzureden (natürlich ist z. B. auch unter Armut zu leiden nicht wirklich „sexy“ und Mobbing, Burn-out, Missbrauch natürlich auch nicht) kann auch sehr gefährlich, despektierlich, entwürdigend sein! Und Menschen ihre Würde zu nehmen ist ja das Letzte, Schlimmste ...

Und das darf natürlich nicht hingenommen werden. Zumal z. B. eine Brille selbstverständlich keinen Menschen „schlecht“ macht bzw. hässlich (nur die Brille könnte ggf. nicht so gut passen). Zumal es ja auch Kontaktlinsen gäbe – die sich aber auch nicht jeder leisten kann - und eben in „hippen“ Städten wie Berlin und New York immer wieder einmal etwas „hipp“ wird, z. B. wie nun Brillen, was es früher weniger war oder gar als „Makel“ galt. Oder auch z. B. Homosexualität oder anderes früher als „Makel“ oder gar Krankheit, Straftat Betrachtetes - Homosexualität in Deutschland ja sogar selbst gesetzlich bis 1975! Und faktisch noch viel länger ... Teilweise heute noch selbst in Deutschland, das zu großen Teilen wirklich sehr wenig liberal ist (wie ja auch z. B. immer wieder in Reportagen von z. B. auch G. Wallraff zu sehen). Wobei zudem sicher, gerade auch in Deutschland auf vielen Gebieten, wohl auch oft noch gilt: „Moralische Entrüstung ist Neid mit einen

kleinen Heiligenschein“ (H. G. Wells) Oder.“In der moralischen Entrüstung schwingt auch immer die Besorgnis mit, vielleicht etwas verpasst zu haben“.(J. Genet)
Und „Der Neid ist die aufrichtigste Form der Anerkennung“ (W. Busch). Insofern ist Neid, auch mit Folge von z. B. Mobbing, sozusagen ja sogar eine Wertschätzung (das kann für das Selbstwertgefühl der Opfer eine wirklich wichtige Erkenntnis sein). Wenn auch in einer Form und von Menschen, auf deren Anerkennung (bzw. überhaupt Urteil) man natürlich auch gut verzichten kann!
Wie überhaupt es ein gewaltiger Fortschritt für die Menschheit wäre, wenn unzählige Menschen einfach einmal sich ihren „Senf“ – bis hin zu Mobbing bzw. übler Nachrede- ersparen würden zu (z. B. persönlichen, privaten) Angelegenheiten, die sie eigentlich nichts angehen – oder wo sie auch einfach nicht mitreden können. Auch z. B. darüber, was andere Menschen angeblich nicht können ... Aber in der Tat, leider: „Viele Menschen sind zu gut erzogen, um mit vollen Mund zu sprechen; aber sie haben keine Bedenken, dies mit leeren Kopf zu tun“. (O. Wells). Was sich auch in Vorurteilen bzw. deren Verbreitung oder zu wenig Hinterfragen davon niederschlagen kann: „Der einzige Mensch, der sich vernünftig benimmt, ist mein Schneider.
Er nimmt jedes mal neu Maß, wenn er mich trifft, während alle anderen immer die alten Maßstäbe anlegen in der Meinung, sie passten auch heute noch“. (G. B. Shaw). Zumal in der Tat Menschen sich ja auch ändern, entwickeln können – leider auch negativ aber natürlich auch positiv

(ebenso wie Normen, nach denen „gut“ und „schlecht“ beurteilt wird). Vorurteile, Vorverurteilungen, „Abstempelungen“ sind aber immer gefährlich. Selbst dass z. B. Lemminge sich in Massen in Abgründe stürzen (was sie natürlich nicht tun, das taten sie nur einmal in einem Film von W. Disney) ist ein für deren Artenschutz unlustiger Mythos (wenn fast alle Leute denken, dass sich nicht lohnt die zu schützen- wenn sie sich eh selbst umbringen). Es zeigt aber auch erschreckend, wie sich Mythen festsetzen können als „Wahrheit“. Nach nur *einem* Film! Wie ist das dann erst mit ständig wiederholten Vorurteilen, Mythen ... Fährt man so z. B. einmal in die Türkei- außerhalb deutscher Touristen-Hochburgen dort- wird man sehen, dass es dort kaum etwas „typisch Türkisches“ (unserer Vorstellung) gibt. Da gibt es teilweise völlig falsche Vorstellungen (Vieles „typisch Türkische“ von türkischen Mitbürgern in Deutschland haben die erst in Deutschland, von Deutschen, gelernt – und von diesen auch wahrlich nicht nur Positives!). Oder auch bewusste Verdrehungen – wie z. B. unsere Weltkarte, auf der Europa überproportional groß dargestellt ist (und z. B. Afrika viel zu klein). Das sind auch heute noch wirklich imperialistische Weltbilder, Weltanschauungen, Ideologien, die schon auch Denken und (Vor-)Urteile beeinflussen können. Und auch dass es z. B. kaum (Klein-)Kinderbücher mit homosexuellen oder „behinderten“ Darstellern gibt (oder auch arbeitslosen, ärmeren oder solchen aus „Trennungsfamilien“) erschwert, dass man z. B. auch das als völlig normale, gute Menschen sieht. So wird von klein auf ein gewisses Bild von „gut" , „normal" geprägt. Es geht also auch nicht nur darum, dass man nichts Schlechtes verbreitet – sondern auch dass mehr verbreitet wird, dass natürlich auch homosexuelle, „behinderte", „ausländische" (und arbeitslose, ärmere, natürlich auch ostdeutsche usw.) Menschen genauso gute sein können wie andere auch! Und das natürlich auch in anderen Medien, Schulbüchern usw. Wo auch mehr wirklich normale Menschen auftreten sollten, nicht nur (scheinbar) „Makel-lose" mit oft auch „Barbie- Figur- Maßen". Das wäre sehr wichtig gegen überfordernde Erwartungen, Ansprüche, somit auch Burn-out- und natürlich auch gegen Mobbing. Dass eben viel mehr ein *normales* Menschen-Bild verbreitet werden würde, alle mit irgendwelchen „Mängeln" - als ja auch Mängelwesen!

Bzw. dass auch keine Probleme eingeredet werden „Sonderlingen", per se Problem beladenen Menschen. Wie z. B. „Trennungskinder", Einzelkinder- die nachweislich (auch z. B. bei Furman zu lesen) nicht mehr oder weniger erfolgreich oder glücklich werden müssen wie andere Menschen (und wenn sie es tun werden sie es wohl meistens, weil ihnen eingeredet wurde, dass sie das quasi werden müssten aufgrund ihrer „Ausgangslage". Auch so etwas trifft sehr viele Menschen – zumal es heute ja kaum noch weniger solche Kinder, Menschen als andere gibt, auch das sind sicher also auch keine „Außenseiter"). Viele Menschen empfinden auch Vieles, was sie so tun, denken, empfinden nur als problematisch, weil sie denken, dass sie außergewöhnlich sind (z. B. eben Einzelkind,

Trennungskind oder auch homosexuell, „ausländischer“ oder ostdeutscher usw. Herkunft). Obwohl zumindest zig Millionen „westdeutscher Heteros“, die nicht Einzel-/Trennungskind sind ganz genauso oder ähnlich „ticken“. Herkunft, auch familiäre, oder Rollen und anderes in der Familie kann wirklich prägen. Muss es aber auch nicht, zumindest nicht entscheidend. Auch sonstige Anlagen nicht. Zumindest genauso entscheidend ist ja was man daraus macht bzw. welche Umwelt man vorfindet , auch fördernd oder weniger fördernd ... Und noch mehr als das, auch als letztlich nur Äußerlichkeiten wie Hautfarbe und dergleichen , prägt uns ja doch auch oft „Inneres“ – und da haben wir alle Menschen doch zumindest sehr ähnliche Organe, Bedürfnisse usw.

Und viel mehr als zig Therapeuten, die das dann oft auch noch „zum Problem machten" halfen vermeintlichen „Außenseitern", „Sonderlingen" auch solche Einsichten wie das „..und das ist auch gut so" des homosexuellen Berliner Bürgermeisters (was auch zeigt welche Macht z. B. Politiker haben können, selbst mit nur einem einzigen Statement, das nicht einmal Geld kostet). Auch trotz aller kleiner „Macken", die auch jeder – nobody is perfect- Homo-genauso wie Hetero- Sexuelle hat (es gibt ja auch kaum einen Menschen, der Donald Duck nicht mag, trotz -bzw. gerade wegen ? - all seiner sympathischen „Unzulänglichkeiten", bei denen man sich ja auch oft selbst wieder findet). So wie es auch das Lied von G. Gaynor ausdrückte - „I am what I am" – auch als „Befreiungs-" - bzw. Emanzipations- Hymne, Hilfe nicht zuletzt für die Homosexuellen- oder auch Frauenbewegung, viele „Behinderte" usw. ... Und gerne eben auch für o. g. eigentlich sehr gute Menschen. Die stolz darauf sein können, wie sie sind, „trotz aller Macken"- die *jeder* von uns hat. Und das, sich nicht als Problem sehen sollten! Bzw. es normal anzusehen ist, wenn es einem nicht gut geht –evtl. auch mit psychosomatischen Beschwerden – wenn man für seine Besonderheiten, sogar (besonders) guten bzw. völlig normalen Seiten, berechtigten Bedürfnisse und Forderungen kritisiert, angemacht wird! Dann braucht man vielleicht oft Hilfe- ist ja aber nicht schwach, dumm, das Problem oder gar ein Versager! Sondern nur ein Opfer wirklich dummer – der anderen! – Vorwürfe, Menschen bzw. Umstände.

So auch z. B. von *unverschuldeter* Armut. Darüber berichtete z. B. auch die „Apotheken Umschau" vom

25.07.2012. Demnach ist auch wirklich „niemand davor gefeit, in Überschuldung zu geraten“, erklärt Sanio, wissenschaftlicher Mitarbeiter an der Forschungs- und Dokumentationsstelle für Verbraucherinsolvenz und Schuldnerberatung an der Universität Mainz (...). Das trifft auf mehr als drei Millionen Haushalte in Deutschland zu. Rechnet man Partner und Kinder mit, sind es knapp sieben Millionen Menschen“, schätzt Eva Münster vom Institut für Arbeits-, Sozial- und Umweltmedizin der Universitätsmedizin Mainz. Die Mehrheit von ihnen ist durch unvorhersehbare Ereignisse in finanzielle Not geraten. An erster Stelle steht der Verlust der Arbeit, gefolgt von Partnerverlust durch Trennung, Scheidung oder Tod. Krankheiten liegen an dritter Stelle. Umgekehrt macht ein ständig überzogenes Konto selbst auch krank, wie eine Studie der Universität Mainz nahelegt. Die meisten der überschuldeten Befragten gaben an, dass sie an psychosomatischen Beschwerden wie Schlafstörungen, Kopf- und Rückenschmerzen sowie rascher Erschöpfung leiden.

Welchem unbescholtenen Menschen würde es nicht schlecht gehen, wenn der Gläubiger Druck macht und es trotz aller Anstrengungen unmöglich ist, Geld aufzutreiben? „Jeder Dritte sagte, er sei aufgrund seiner Schulden krank geworden“, erläutert Münster.

Dabei lagen psychische Erkrankungen wie Angststörungen und Depressionen mit rund 40 Prozent an der Spitze, dicht gefolgt von Gelenk- und Wirbelsäulenproblemen. Krankheiten verschlimmern aber zusätzlich die ohnehin schwierige Situation. Wer kaum die nötigen Mittel für das tägliche Leben aufbringt, vermeidet Extrakosten. Und dazu gehören oft die Praxisgebühr beim Arzt und das Geld für Medikamente, wie Forscher der Universitäten Mainz und Erlangen-Nürnberg nachwiesen. „Rund 60 Prozent der Studienteilnehmer gaben an, in den vergangenen zwölf Monaten wegen der Schuldensituation und der zehn Euro Praxisgebühr keinen Arzt aufgesucht zu haben", sagt Münster. Zwei Drittel dieser Menschen haben wegen Geldmangel die verschriebenen Medikamente nicht gekauft – „aus Angst, die Zuzahlung nicht leisten zu können". Manchmal hilft dann die „Härtefallregelung" – fragen Sie bei Ihrer Krankenkasse nach. Kinder bis 18 Jahre behandelt der Arzt ohnehin kostenfrei; bei ihnen fällt auch keine Zuzahlung für Medikamente an". Und diese Probleme hat heute ja sicher die Mehrzahl der Deutschen, selbst wenn sie voll arbeiten aber viel zu wenig verdienen (nicht umsonst ist die Angst vor „Altersarmut" ja auch gerade beherrschendes Thema in den Medien).. Auch für gute Ernährung, Kleidung usw. mit natürlich unguten Folgen (ggf. auch wieder von Mobbing deshalb und auch Burn-out).

Denn natürlich macht Geld alleine nicht glücklich. Aber klar. ebenso natürlich braucht man heute genug Geld zum Leben, selbst wenn man nicht denkt „Geld allein macht nicht glücklich. Es gehören auch noch Aktien, Gold und Grundstücke dazu" (D. Kaye).

Und dass man ja auch doch nicht „selbst schuld" ist an z. B. Trennungen (die dann, s. oben, oft auch zu Armut führen) sondern die auch eher „unserer Zeit",Umständen geschuldet sind ist z. B. bei Gärtner-Engel belegt.

Wichtig ist letztlich zwar ja wirklich immer, dass man angenommen wird – und vor allem sich selbst annimmt – wie man es nun einmal ist.
In der Tat „Glücklich ist nicht wer anderen so vorkommt - sondern wer sich selbst dafür hält“ (A. Saneca); zumal: „Glück ist Selbstgenügsamkeit“ (Aristoteles).
Allerdings fällt das natürlich enorm leichter, wenn man doch auch von anderen Menschen Wertschätzungen bekommt (und, zumindest, nicht immer nur Schlechtes über sich hört, alltäglich in Schule oder Beruf usw., evtl. sogar auch von Freunden (?), Verwandten, ... - z. B. über seine „Unzulänglichkeiten“ oder „ärmliche“ Kleidung, Aussehen – z. B. auch nicht so braun gebrannt, weil man kein Geld für Urlaub hat oder dergleichen. Soziale Armut kann ja zudem genauso schlimm sein wie materielle, zumal mit dieser kombiniert natürlich umso mehr)..
Trotz aller Schwächen und Macken, an denen man sicher auch etwas arbeiten sollte - aber seinem Weg, Typ entsprechend und sich dabei bitte auch nicht ganz verlieren oder sich zu verbiegen, zu gering schätzen (lassen)! Sonst kann man ja auch nicht „zu sich finden“, zufrieden sein. Wie es eben in „I am what I am“ von Gloria Gaynor heißt, frei übersetzt (Auszug):
“Ich bin was ich bin!
Ich bin was ich bin. Ich bin meine eigene, spezielle Kreation. Deshalb komm und schau mich an, gib mir Halt oder Applaus. Es ist meine Welt - das ist es auf das was ich stolz

sein möchte, meine Welt - und kein Ort, an dem ich mich verstecken muss. Das Leben ist nichts, einen Dreck, wert, bis du sagen kannst: Ich bin was ich bin!
Ich bin was ich bin. Ich möchte kein Lob, ich möchte kein Mitleid. Ich schlage meine eigene Trommel. Manche sagen es ist Lärm, ich denke es ist hübsch. Und - ja, und wenn ich jedes Sprühen und jedes Knallen liebe, warum sollte man nicht versuchen, die Dinge aus einer anderen Sicht zu sehen? Dein Leben ist eine Täuschung, bis du ausrufen kannst: Ich bin was ich bin!
Ich bin was ich bin und was ich bin braucht keine Entschuldigungen. Ich kümmere mich um meine Angelegenheiten. Manchmal bin ich das As, manchmal der Teufel.
Es ist ein Leben und es gibt kein zurück und kein Konto. Ein Leben - deshalb ist es Zeit aus sich heraus zu gehen, sich zu öffnen. Das Leben ist nichts (einen Dreck) wert, bis Du sagen kannst: "Ich bin was ich bin"
...Ich bin, ich bin, ich bin... nützlich!
Ich bin, ich bin ... wahr.
Ich bin, ich bin ... jemand.
Ich bin gut und neu - ja.
Ich bin was ich bin!!!"

Und diese Einsicht kann wirklich sogar Leben retten.
Ich weiß von vielen Menschen- z. B. Homosexuellen, „Behinderten“ aber auch (anderen) Opfern von Mobbing bzw. Burn-out, dass dieses Lied bzw. Einsicht (mit) ihr Leben gerettet, sie vor Suizid gerettet hat! Zumindest begleitend zu fachmännischer Hilfe (oder zumindest Zuspruch von anderen Menschen über seine guten Seiten, trotz aller Fehler und „Macken“, die jeder Mensch hat ...).

Und das Thema Suizid spielt ja gerade auch in Deutschland eine besonders große Rolle – sicher nicht zuletzt auch wegen viel zu hohem Druck schon von Kindheit an bzw. auch zu wenig Schutz davor (und Mobbing und dergleichen). Obwohl es ja gerade hier besonderen Schutz bedürfte, auch da Herkunft hier ja so eine besonders fatale Rolle spielt- was natürlich auch Ursache für besonders häufige Benachteiligungen, Diskriminierungen, Mobbing usw. und Burn-out sein kann. Nicht von ungefähr sind aber, wohl auch deshalb, schon deutsche Schüler im Vergleich zu denen in anderen europäischen Ländern häufiger depressiv, weisen auch häufiger Suizidgedanken oder -Versuche auf, zeigen auch vermehrt selbstverletzendes Verhalten. Wie nun z. B. auch kürzlich veröffentlichte erste vergleichende Daten der europaweiten Studie „Saving and empowering young lives in Europe (SEYLE)" zeigen.

Es gilt, auch deshalb, zudem auch wirklich immer sehr vorsichtig zu sein bezüglich vorschneller Diagnosen bzw. über den Kamm scheren – auch vermeintlich positiv (dass „alle Brasilianer gut kicken können“ kann z. B. einzelne Brasilianer, die das weniger gut können, auch belasten. Oder „Komplimente“ wie dass man doch stark genug ist z. B. einen schlechten Job auszuhalten, „was nicht umbringt macht hart“ – nun ja ... Aber zu unerträglich, zu hart kann auch *umbringen*!
Natürlich stimmt auch nicht, dass „Indianer keinen Schmerz kennen“ (doch! Ebenso wie wir „Bleichgesichter“ sogar sehr stark!).

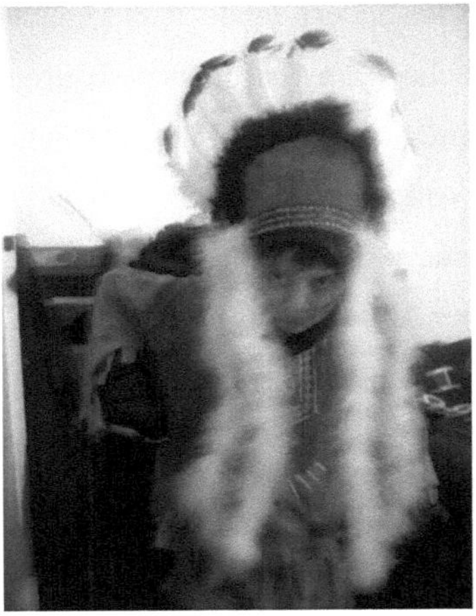

Oder auch dass Arbeit „auspowern“ muss wird in anderen Ländern auch ganz anders gesehen als in Deutschland – wo alleine diese „Arbeit muss auch anstrengend sein“-Ansicht immens zu Burn-out beitragen kann).. Bzw. auch hier die Umstände zu wenig zu berücksichtigen. So kann z. B. bei „ADHS“, heute ja auch ein Riesen Thema, sicher Therapie und manchmal auch Medikamente nötig sein bei Kindern, Jugendlichen, manchmal auch Erwachsenen. Die häufig auftretenden Nebenwirkungen – oft machen die erst richtig unruhig-müssen aber auch berücksichtigt und abgewogen werden. Und sehr häufig machte ein Wechsel der Kita (-Gruppe) bzw. der Klasse oder Abteilung, Stelle aus einem „ADHS“- ler einen völlig gesunden bzw. sogar wieder besonders tollen, kreativen, sensiblen bzw. lebendigen Menschen. Der nur zuvor von nicht so guten Strukturen, Umständen (oder auch z. B. Pädagogen oder Chefs) zu sehr eingeengt wurde (ein sehr guter, aufschlussreicher Bericht auch zu diesbezüglichen Leiden und möglichen Perspektiven – auch sich nicht mehr als „Versager“, „Störenfried“ zu sehen- dazu z. B. von Schlösser)– und dadurch natürlich unruhig oder traurig - in seiner sogar besonders *positiven* Kreativität, Sensibilität, Lebendigkeit usw.! Oder auch Menschen, die einfach „nur“ mehr Aufmerksamkeit brauchen. Dass es hieran und auch Wertschätzung viel zu oft mangelt in der Gesellschaft heute ist ja aber auch kein „persönliches“, sondern *gesellschaftliches* Problem (bzw. auch z. B. des Bildungssystems inkl. überfüllter Klassen, Kita-Gruppen, schlechten Rahmenbedingungen, ... Bzw. auch sonst viel zu wenig Wertschätzung und zu viel Stress im beruflichen und privaten Alltag, mit so oft auch kaum möglichem Kopf, Ohr, *Aufmerksamkeit* -bzw. *Defizit* daran- für und von Mitmenschen).

Für ADHS und andere "Verhaltensauffälligkeiten" werden auch generell viel zu wenig äußere Umstände berücksichtigt .

Bereits in Schulen (aber auch in Ausbildung, Beruf usw.) gibt es z. B. heutzutage ja i. d. R. kaum zumutbare Bedingungen. Zu große Klassen, schlechte Mittel, zu wenig Lehrer usw. ... Da mangelt es natürlich an *Aufmerksamkeit,* gibt es *Defizite* – aber ja nicht wegen „persönlichen Schwächen“ (der Betroffenen, Personen) – sondern strukturellen! Zudem: Die CO2- Konzentration schon in Schulgebäuden geht über das gesetzlich erlaubte Höchstmaß hinaus! Das wurde z. B. in der Zeitschrift "Erziehung und Wissenschaft“ 12/2011 berichtet. Alleine das stresst natürlich- psychisch aber auch körperlich. Es macht reizbar, müde, lässt Leistungs- und Konzentrationsfähigkeit sinken, Defizite an (möglicher) Aufmerksamkeit entstehen. Und auch die dort berichtete Lärmbelastung mit 65 bis 75 Dezibel in zwei Drittel der Unterrichtstunden entspricht etwa dem Lärmpegel in der Umgebung des größten deutschen Flughafens in Frankfurt am Main! Unglaublich. Aber leider wahr. Allerdings in der Schule ohne jeglichen Lärmschutz. Der günstig einzurichten wäre. Das kostet auch Geld, ja. Aber was kosten denn körperliche und psychische Folgen, Leiden einer so ja zwangsläufig „sozialisierten Generation Burn-out" bzw. auch noch ADHS? Von Anfang an, o. g. Belastungen gelten schon bei Grundschülern! Und auch Kitas, Kindergärten sind heutzutage ja sicher nicht immer optimal. Natürlich gibt es inmitten all dem dann auch Aufmerksamkeits-und andere Probleme. Gerade besonders sensible bzw. nachdenkliche (positiv gemeint!) bzw. lebendige, eigentlich lebensfrohe Kinder gehen dann besonders unter oder werden zu "Problemen"- obwohl eigentlich nur das ganze System (!) Störungen, Defizite hat. Mit guter Förderung, Unterstützung hingegen werden gerade besonders kreative , soziale, lebensfrohe Kinder nicht mehr "behandlungsbedürftig", sondern auch sehr – bzw. besonders- glücklich und erfolgreich, z. B. gerade auch in sozialen und kreativen Berufen .. Zufall? Sicher nicht! Und es ist ja wirklich eine Ungeheuerlichkeit die Opfer von solchen Umständen auch noch zu den „Problemen" zu machen!

Zumal –nicht nur aber gerade auch bei „AD(H)S“ – auch Forscher immer wieder vor übereilten bzw. falschen, Fehl-Diagnosen warnen.
So z. B., bezüglich „ADHS“, auch vor Fehldiagnosen bei – um nur ein Beispiel zu nennen - früh eingeschulten Kindern. Bei diesen wird besonders häufig eine „Aufmerksamkeitsstörung“ diagnostiziert und behandelt. Aber nur weil ihr, im Verhältnis zu älteren Mitschülern, unreiferes Verhalten irrtümlich als krankhaft interpretiert wird. Dabei liegt es eben nur am jüngeren Alter. Wie nun auch kanadische Forscher in einer Studie mit fast 1 Million Grundschulkindern herausgefunden haben. Das berichteten nun Wissenschaftler im Fachmagazin „Canadian Medical Association Journal“ (doi:10.1503/cmaj.111619, auch zu finden unter http://www.netdoktor.de/News/ADHS-Fehldiagnose-bei-frueh-1136550.html). Analysen bestätigten demnach Befürchtungen, dass die normale Spannbreite des Verhaltens von Kindern zunehmend mit Medikamenten behandelt werde, so der Erstautor Richard Morrow von der University of British Columbia in Vancouver. Jüngere Kinder einer Klasse würden aufgrund ihres alterstypischen Verhaltens häufig falsch „etikettiert“, stigmatisiert und behandelt. Die Studie zeigte, dass solche Kinder um 39 % wahrscheinlicher mit ADHS diagnostiziert und sogar zu 48 Prozent eher mit Medikamenten behandelt werden! Auch wegen dieser Erkenntnisse und Zahlen warnen die Forscher davor, Kinder unnötig den potenziellen Schäden und Langzeitfolgen einer Fehldiagnose und medikamentösen Behandlung auszusetzen. Denn Mittel

gegen ADHS wie Methylphenidat können sich negativ auf den Appetit, das Wachstum und den Schlaf der Kinder auswirken (diese also erst richtig unruhig, „zappelig“ machen als Folge davon! Schlafentzug wird ja in einigen Ländern sogar als Foltermethode eingesetzt, da es so grausam ist ... Dass auch Eltern mit kleinen Kindern, die kaum zum Schlafen kommen, oft unruhig, gereizt usw. sind ist deshalb auch kein Wunder ...). Auch das Risiko für spätere Herz-Kreislauf-Erkrankungen sei erhöht, sagen die Wissenschaftler. Außerdem verhielten sich Eltern und Lehrer gegenüber ADHS-Kindern häufig anders. Das wiederum könne zu psychischen Folgen wie einem schlechten Selbstwertgefühl bei den Kindern führen (dass all das -falsch „etikettiert“, stigmatisiert und behandelt usw., dann ja auch noch mit oft weniger beruflichen Möglichkeiten usw. und Problemen deshalb- nicht nur bei „AD(H)S“, sondern auch häufig bei anderen „Auffälligkeiten“ geschieht wird z. B. auch in R. H. Largos Buch „Kinderjahre“ – Die Individualität des Kindes als erzieherische Herausforderung“ – weiter belegt und beschrieben). Genauso können natürlich auch Kinder, die z. B. recht spät eingeschult werden (oder auch besonders schlaue!) Probleme bekommen, unruhig werden – aus Langeweile, weil sie eben schon viel weiter sind als andere Kinder. Oder weil heutige Schulen, gerade auch in Deutschland, ja eh nicht gerade besonders auf die Individualität des Kindes eingehen (können), alleine schon wegen zu großen Klassen aber auch sonst vielen methodischen Schwächen, schlechten Rahmenbedingungen usw. Zudem kommt auch ein Erwartungsdruck von Außen, der auch stresst und erschwert seinen eigenen Weg zu gehen- passenden und gefallenden. Manchmal auch vom Elternhaus (wie z. B. im Lied „Junge“ der Berliner Gruppe „Die Ärzte“ schön beschrieben). Wenn auch oft gut gemeint (auch wenn man die Ellbogen-/ „Leistungs-gesellschaft“ heute nicht so gut findet will man sein Kind dafür „fit machen“ ... Vielleicht ja auch mit angeblich ach so nötigem Frühförderbedarf (bzw. – geschürtem –Wahn? Weil ja Klavier- und bald auch Chinesisch-Kurse für Kinder angeblich so lebens-wichtig sind (?). Oder bereichern die nur deren Anbieter und stressen die Kids nur unnötig?). Aber oft noch viel mehr von (künftigen) „Arbeitgebern“, die auch eher in stupide Arbeitsläufe passende „Roboter“ bzw. „Arbeitsbienen“ möchten als selbstständig denkende Arbeitende (was auch ein Hauptgrund für „Burn-out“ darstellt). Hier aus der „Norm zu fallen“ ist sicher auch kein Armutszeugnis!

Und, selbst bezüglich tatsächlichen „Macken“ – die wirklich ja aber , immer wieder gesagt, da so wichtig- auch *jeder* Mensch hat: Wie froh wäre ich wirklich die, die früher manchmal teilweise doch nervten – ebenso wie meine andere Menschen- meiner verstorbenen wundervollsten Eltern nochmals erleben zu dürfen. Was gäbe ich dafür! Bei Streitigkeiten mit Eltern, Kindern, Partnern usw. (bzw. natürlich auch vor Mobbing wegen irgendwelcher „Macken“) sollte man sich so etwas auch immer wieder überlegen. Und vielleicht gerade zu Streit-Zeiten oder bevor man anderen Menschen deren „Makel“, „Macken“ vorwirft einmal, z. B. im Internet, Foren von Trauernden etwas anschauen. Dann erkennt man auch, dass es wahrlich noch Wichtigeres gibt als Erfolg und Geld (bzw. „Macken“). Es heißt ja auch „nicht wie weit wir es bringen ist entscheidend – sondern ob wir zu uns selbst finden“. Zumal - so wie es, frei übersetzt, auch im Lied „dust in the wind“ der Gruppe „Kansas“ heißt: „Alles schwindet und all dein Geld wird keine weitere Minute kaufen können“. Dann erscheint eine „Macke“ bzw. Streitigkeit, die man gerade – mit noch Lebenden - hat, vielleicht auch doch nicht mehr ganz so bedeutend ... Und wohl eigene auch weniger schlimm. Man erkennt dann auch besser Gutes und was wirklich zählt. Und das kostet auch oft kein Geld. So zum Beispiel „einfach“ (was es heute ja oft nicht ist) mehr Zeit mit Menschen zu verbringen, die so auch besser kennen und schätzen zu lernen ... Trotz all ihrer „Macken“, die angesichts der guten Seiten aber ja doch zunehmend an Bedeutung verlieren könnten ...

V. Massen- Mobbing (und Burn-out)

Wie bereits angedeutet sind unterschwellige, pauschale Vorwürfe, Vorurteile bzw. Stigmatisierungen, Diskriminierungen, Benachteiligungen und dergleichen natürlich nicht weniger schlimm wie offene oder „individuelle“. Sie betreffen ja letztlich auch Individuen. Oft ist es so unterschwellig, allgemein sogar noch belastender – was auch nicht selten sehr ausbrennt, zermürbt - da Betroffene dabei oft gar nicht so klar erkennen können, was da läuft bzw. sich auch nicht so gut wehren können, oft auch (noch) weniger Unterstützung bekommen wie im konkreten, direkten Fall (z. B. bei „unverblümtem“ Mobbing). Zumal man sich ja dann häufig auch noch gegen „öffentliche Meinung“ bzw. deren Erzeuger (große Medien, Politiker, ...) schlecht wehren kann.

Und Betroffene, Opfer solcher öffentlich geschürter Vorurteile, Diskriminierungen etc. gibt es tatsächlich unglaublich viele. Nach einer repräsentativen Umfrage der sogenannten „Anti-diskriminierungsstelle“ des Bundes zu "Diskriminierung im Alltag" in den letzten Jahren geht beispielsweise hervor: Jeder – sage und schreibe - dritte (!) Einwohner in Deutschland hat sich bereits wegen eines der im „Antidiskriminierungs-Gesetz“ genannten Merkmale diskriminiert gefühlt (und dieses Gesetz umfasst sicher noch nicht einmal alle tatsächlich vorhandenen und weiterhin möglichen Diskriminierungen, Stigmatisierungen usw., die noch mehr Menschen betreffen). Hinzu kommt auch demnach, dass Menschen häufig nicht „nur“ aufgrund eines dieser Merkmale benachteiligt werden, sondern sogar wegen kombinierter Merkmale- z. B. „jung und weiblich", "älter und behindert" oder "ausländisch und muslimisch“. Dazu kommen weitere Stigmatisierungen, Vorurteile, ...

So z. B., um nur einige diesbezügliche Beispiele zu nennen, etwa bezüglich „die Griechen" (oder Spanier, Italiener, ...) in der „Euro-Krise". Außer dass „die" fast immer problematisch ist (es gibt ja fast nie nur pauschal „die" sondern fast immer nötige Differenzierungen, „Solche und Solche", auch z. B. selbst unter Hitler viele deutsche Widerstandskämpfer) wird dann eben auch fast immer vergessen dazuzusagen, dass ja auch nicht „die Deutschen" leiden müssen. Also *alle* Deutschen. Unter *„den* Griechen", deren Schulden ... Denn ja, deutsche Steuerzahler zahlen für „griechische Schulden". Viele deutsche Unternehmen und Banken *profitieren* ja aber sogar davon (bzw. haben die Krise bzw. Schulden in Griechenland mitverursacht- in der Tat verlaufen Grenzen ja auch wirklich meistens viel mehr zwischen „Oben und Unten" in den Ländern - wie zwischen den Völkern, Nationen). Ebenso wie von aus deutschen *Steuergeldern* finanzierte „Entwicklungshilfe" in viele andere Länder (die, gekaufte Waren dafür, direkt in Kassen deutscher Unternehmer bzw. auch Banken zurück fließen). Und das „gemeine" griechische Volk ist ja auch nur sehr bedingt – bzw. gar nicht - mit verantwortlich für eine schlechte und oft korrupte Politik, schlechte Verhältnisse dort ... Und Deutschland ist ja auch nicht immer EU-Spitze. Sondern in vielen Bereichen ja sogar Schlusslicht (z. B. in der ungleichen Bezahlung für gleiche Arbeit bei Männern und Frauen, ja sicher auch eine Form der Diskriminierung).

Und auch sonst steht auch deutsches Recht ja oft in der Kritik vieler internationaler, auch Menschenrechts-,

Organisationen. Zumal dort – bzw. auch bei Behörden, vgl. Beispiele oben, und natürlich auch Unternehmen- in der Tat auch oft gilt „Die Autorität, nicht die Wahrheit bestimmt, was Gesetz wird“ (Thomas Hobbes). Bzw. was (auch z. B. Tarif-) Politik. Denn warum sollen Menschen für gleiche Leistung weniger Anerkennung, auch finanziell, erhalten? Nur aufgrund ihrer Herkunft, Geschlecht oder dergl. Auch das ist ja entwürdigend, diskriminierend (und schafft auch *faktisch* ungleiche Rechte, Möglichkeiten und damit *Benachteiligungen* z. B. wegen Herkunft – wie ja z. B. PISA-Studien bewiesen und andere auch hier genannte Beispiele. Wie es in einem Sprichwort heißt „Das Gesetz in seiner majestätischen Gleichheit erlaubt es dem Edelmann genauso wie dem Bettler auf Straßen zu betteln, unter Brücken zu schlafen und Brot zu stehlen“. Ja, gleiches Recht für alle – aber bei ungleichen Möglichkeiten dieses zu nutzen bedeutet das ja auch *Un*gerechtigkeit, *Un*gleichheit, Benachteiligung).

Auch zig Millionen „Ossis“ inkl. all ihrer abgewickelten Lebensläufe, Leistungen, Abschlüsse (oft weil zu „ideologisch gefärbt“ – gab es in West-Deutschland keine Ideologien? Bei Interesse ausführlich auch viele Gegen-Beweise z. B. bei Kühnl dazu ...). Nicht nur (auch) bezüglich Lohn, Gehalt fast Menschen „2.Klasse“? Und auch noch Schuld an allem, was in Deutschland heute problematisch ist – die Wiedervereinigung hat einfach zu viel Geld gekostet? Auch das Unsinn. Als ob es davor in der alten Bundesrepublik nicht schon genug bzw. sogar noch mehr Probleme gegeben hätte!

Zumal ja natürlich auch nicht „die“ (alle) Wessis für „die“ Ossis zahlen mussten bzw. alle finanziell herhalten. Und sicher auch Vieles zu „Wende-Zeiten“ nicht gerecht lief, weder für die absolute Mehrheit der „Ossis“ noch für die der „Wessis“. So titelte z. B. bereits die „Frankfurter Rundschau“ in einer Artikelserie im November 1990 „Jahr der Deutschen Einheit und Golfkrieg beschert der Deutschen Bank und Unternehmen Rekordgewinne“. Demnach z. B. der Deutschen Bank Gewinne von 5 Milliarden DM, 17% mehr als 1989 – gleichzeitig zahlte sie aber im gleichen Zeitraum 37,5 % weniger Steuern – während es für die sonstige Bevölkerung Steuererhöhungen gab, was z. B. auch der Bund der Steuerzahler scharf kritisierte. Und während viele ostdeutsche Unternehmer durchaus ja auch profitierten wurde die „Ostdeutsche“ Bevölkerung ansonsten materiell und auch menschlich mehr oder weniger „abgewickelt“, fühlte sich zu großen Teilen (zu Unrecht !) auch als Versager ... (trotz ja auch beachtlicher Erfolge der ehem. DDR- z. B. auf wissenschaftl. Gebieten, auch als 10. größtes Industrieland der Erde, ... Und das trotz viel schlechterer struktureller Voraussetzungen als Westdeutschland. Und waren Sportler nur „im Osten“ gedopt? Führte z. B. die Tour de France – bzw. Tour de Doping - durch den „Ostblock?“). Ebenso wie „Westdeutsche“, für die keine Arbeit mehr „da war“. Das ja aber auch schon vor der „Wende“ (also ist auch nicht die Deutsche Einheit, also quasi „die Ossis“ (oder „Ausländer“) an so vielem Schuld, wie es einige politisch und wirtschaftlich Verantwortliche so gerne darstellen würden- auch um von eigenen Fehlern bzw. zu verantwortenden Ungerechtigkeiten abzulenken, auch noch Profit aus der Not anderer Menschen machend, sogar durch – siehe oben - Krieg und unzähligen Opfern, Toten, ... dadurch, erbärmlicherweise).

Hier ist wirklich, nach wie vor bzw. mehr denn je, Bedarf an Änderungen, weiteren „Wenden“!

Der „Aufbau Ost“ wurde dann ja auch noch für noch mehr Reichtum einiger weniger Deutschen genutzt, in Ost und West- z. B. indem ein sehr produktives (!) Opel-Werk in Bochum geschlossen wurde, um es in Ost-Deutschland aus Steuergeldern finanziert wieder neu aufzubauen. Auf Kosten vieler Arbeiter und Angestellten in West und (durch dafür dort wieder abgewickelte Werke im) Osten – die ja auch „Solidarzuschlag“ zahlen mussten. Und natürlich waren auch nicht alle „Ossis“ z. B. bei der Stasi. Zudem auch nicht alle gerne oder freiwillig, viele wurden ja dazu gezwungen (z. B. auch um ihre Familie zu retten). Viele begingen ja sogar Suizid in dieser fatalen, fiesen, grausamen Zwick-Mühle. Da Vieles falsch darzustellen, auch aus Opfern Täter zu machen, bzw. aus dem Zusammenhang zu reißen macht ja schon als – wie z. B. mich - „Wessi“ – wütend. Wie sehr muss das aber erst Betroffenen weh tun! Und das gilt ja auch noch für zig Millionen andere Deutsche. Z. B. „die“ doch oft als „faul“ oder selbst schuld dargestellten Arbeitslosen. Oder eben auch „Ausländer“. Auch hier ist ja der Gipfel, dass wiederum die Opfer (von zu wenig Arbeitsplätzen) bzw. aufgrund Herkunft ungleicher Chancen auch noch als (mit) schuldig bzw. negativ abgestempelt werden!

Nicht erst seit Sarrazins Zeiten werden ja aber oft unterschwellig Vorurteile über „Ausländer“ verbreitet. Und unterschwelliger kann auch hier noch gefährlicher sein aus o. g. Gründen. Das gipfelt aber z. B. ja sogar auch noch darin, dass „Ausländern“ so oft Unwilligkeit zur Integration vorgeworfen wird. Ohne leider dazu zu sagen immer – sodass das heute kaum noch jemand weiß – dass bis zum Jahr 2000 (!) in Deutschland Integration ja gar nicht letztlich, allseitig Ziel war. Bis dann galt faktisch „Gastarbeiter“-Status – also Gast. Nicht Bürger, Deutscher! Nicht gekommen um zu bleiben – sondern um zu gehen, wenn „der Mohr seine Schuldigkeit getan hat“! (was ja zudem auch selbst eine komische Vorstellung von „Gastfreundschaft“ wäre) ... Türken, Griechen usw. der „1.Generation“, die sich zu großen Teilen gerne mehr unter Deutsche gemischt hätten wurde das nicht gestattet - sondern nur Wohnungen in z. B. Berlin-Kreuzberg und dergleichen! Und wenn Deutsche im Ausland alle nur in einen Stadt-Teil ziehen dürften, würden die dann nicht dort auch „Klein-Berlin“ (statt „Klein Istanbul“ heute in Berlin) einrichten? Wer das bestreitet fahre bitte einmal nach Mallorca, auch zu „Ballermann“ und dergleichen dort.

Und dann sind „die“ („Ausländer“) ja auch noch besonders gewalttätig, kriminell, ... Auch das natürlich eine entwürdigende Frechheit! Und auch in unzähligen Medien, Büchern usw.– nicht nur offen, dadurch aber immerhin besser erkennbar, wie z. B. bei Sarrazin - immer wieder verbreitet. Zwar stimmt das – ganz oberflächlich betrachtet – teilweise sogar. Das muss wirklich auch festgestellt werden, das zu verwischen wäre auch nicht hilfreich (auch für nötige Änderungen). Aber auch das darf ja nicht aus dem

Zusammenhang gerissen, damit völlig die Realität verdreht werden, auch wiederum Opfer zu „Tätern“ gemacht – und so auch am falschen Ende angesetzt!
Denn schon 1997 ergab z. B. eine durchgeführte Analyse für die Europ. Union zur Entwicklung der Jugendgewalt (und Erkenntnisse von Untersuchungen europ., auch deutscher, kriminolog. Forschungsinstitute) eine zentrale Schlussfolgerung: „Die Zunahme der Jugendgewalt steht in engem Zusammenhang damit, dass unsere Gesellschaft immer mehr zu einer winner-loser -Kultur wird. Vor allem junge Migranten geraten dabei in ein soziales Abseits“. So sind demnach auch z. B. die Eltern von Migranten doppelt so oft von Arbeitslosigkeit betroffen bzw. beziehen Sozialhilfe und dergleichen ... Je weniger privilegiert eine Gruppe ist (bezüglich Schulbildung, Zukunftsaussichten u.a.) umso höher das Jugendgewaltrisiko- und am geringsten privilegiert sind sozial Schwache, vor allem Migranten. Wie ja auch PISA-Studien dann belegten haben also weniger privilegierte „Schichten“, Menschen bestimmter Herkunft in Deutschland weniger Chancen. Das (!) führt – bei Deutschen und „Ausländern“ – zu Kriminalität. Da die meisten „Ausländer“ i. d. R. noch weniger Chancen haben werden sie auch noch (etwas) krimineller (wie z. B. auch eindrücklich, auch mit den Gesichtern hinter diesen Geschichten, bei M. Gür zu lesen). Das hat ja aber natürlich nichts mit „genetischen“ oder kulturellen Besonderheiten, Schwächen zu tun. Sondern o. g. strukturelle bzw. gesellschaftlichen, politischen Ursachen! Oder waren doch früher die Juden schlechte Menschen – und nicht auch die

Bedingungen, Umstände und (Juden-) Gesetze, Normen, Ansichten bis 1945? Dass aus denen „auch nicht so viel wurde". Waren die auch nicht integrationswillig? Natürlich ist das nicht das Gleiche. Man muss das aber wirklich so krass ansprechen um zu verdeutlichen, wohin solch ein Irrsinn führen kann, selbst schon unterschwellig natürlich Menschen demütigen, verletzen kann!

Deshalb ist ja auch eigentlich Aufgabe der zuständigen Politiker etwas an diesen Ursachen, Umständen bzw. auch öffentlichem Bild zu tun – gerade auch in Deutschland, mit auch Schlussfolgerungen aus der deutschen Geschichte. Dass der Bund z. B. nun eine „Antidiskriminierungsstelle" (Adresse s. Anlage). eingerichtet hat klingt ja gut und hilft wohl auch im einen oder anderen Einzelfall Es ist aber ja doch nur ein Tropfen auf dem heißen Stein, wenn die Umstände – die Diskriminierungen, Stigmatisierungen, Ungerechtigkeiten, Benachteiligungen (mit) schaffen nicht geändert werden, als diese immer wieder und weiter erzeugendes „Fass ohne Boden" dafür. Es wird so ja sogar noch *verhindert, dass grundsätzliche Änderungen erfolgen können,* wenn man sich nur auf „Hilfe im Einzelfall" konzentriert – es ist ja aber gerade kein Problem einzelner Menschen, sondern grundsätzlicher, struktureller, sozialer, politischer Missstände. Und auch rechtlicher – was bringt z. B. nur rechtliche Hilfe bzw. Beratung o. g. Stelle, wenn ja in der Regel aus fadenscheinigen Gründen entlassen bzw. gar nicht erst eingestellt wird (s. oben), ohne dass das besser kontrolliert wird, ebenso wie auch bereits ausgeführt Arbeitsschutz usw.? Wofür ja auch „der Bund“, verantwortliche Politiker dort und in den Ländern verantwortlich sind und sich endlich mehr darum kümmern müssten- das „Fass“ zu stopfen statt nur „Tropfen auf den heißen Stein“. Statt sich auch noch zu rühmen, dass sie ja eine „Antidiskriminierungsstelle“ anbieten. Das ist ja aber kein „Ruhmesblatt“, sondern übertüncht nur – bzw. soll das übertünchen? - Versäumnisse, Fehler, falsche Politik der Verantwortlichen! Denn *es geht ja nicht primär um Hilfe im Einzelfall, da es auch nicht um (persönliche) Probleme einzelner Menschen geht*!

Notwendig ist vielmehr ja *grundsätzlich* etwas zu ändern, z. B. bessere Unterstützungen für Menschen schaffen, soziale Ungerechtigkeiten abschaffen, bessere soziale Bedingungen, auch Integrationsmöglichkeiten für Menschen jeglicher sozialen und kulturellen Herkunft usw. (auch Förderung schulischer/beruflicher Chancen, Kulturelles u.a.) für Benachteiligte schaffen, gerade auch für die am wenigsten integrierten der Gesellschaften - Migranten und auch hier geborene Menschen der Mittel- bzw. (sogenannten) Unterschicht. Diese Unterstützungen, mehr Gerechtigkeit, Anerkennung usw. gibt es aber nach wie vor viel zu wenig. Die Opfer davon werden dann aber, s. oben, sogar noch zu „Buhmännern“ ! Bzw. zu bedauerlichen, wenn auch vielen, „Einzelfällen“- denen der tolle Bund ja aber gerne mit seiner „Antidiskriminierungsstelle“ hilft ... Der Bund bzw. die Politiker, die aber auch für ihr Tun bzw. Nicht-Tun (genug gegen auch Diskriminierung, Benachteiligung, Burn-out und Mobbing verursachende Politik, Umstände, Recht etc.) verantwortlich sind. Die solche Probleme ja gerade *selbst (mit) schaffen*!

Natürlich gibt es zudem auch noch unzählige andere Gruppen, Menschen, die an Mobbing und Burn-out leiden. Auch aus (vermeintlich) besser angesehenen Kreisen. Nicht zuletzt z. B. auch viele gute Pädagogen, die auch selbst zu Opfern werden. Nicht zuletzt von Burn-out. Kaum ein Lehrer in Deutschland erreicht ja heute z. B. noch gesund sein Renten-, Pensions- Alter (in z. B. Hessen, laut einer ARD-Dokumentation -„Wenn Schule Lehrer krank" macht- im Juli 2012, sogar *keiner mehr*! Fast alle, früher auch gesunden, Lehrer leiden auch zunehmend an Bluthochdruck- meistens auch wirklich als Folge des *Druck*es, Stresses der auf sie lastet!). Zumindest kein engagierter, der sich trotz aller widriger Umstände an Schulen, viel zu überfüllten Klassen usw. und auch sonstige Unzulänglichkeiten bzw. Ungerechtigkeiten (s. o.) in der Gesellschaft für Kinder und Jugendliche einsetzt, inklusive guter Förderung für diese. Oder auch Opfer von Mobbing. Und auch hier, bei Burn-out (und diesen erzeugende Umstände) bzw. Mobbing bekommen sie dann kaum genug Unterstützung. Auch oft sogar das Gegenteil davon! Oft geht sogar noch das Problem von Stellen bzw. Personen aus, von denen man eigentlich denkt, dass die eher unterstützen sollten (das gilt auch nicht nur bei Lehrern, für diese ... sondern auch für andere Gruppen).

Ein absolut bestürzendes - so allerdings hoffentlich aber eben auch wieder ganz eindrückliches, Aussage kräftiges und lehrreiches - Beispiel – das es sinngemäß sicher auch in vielen anderen Berufen und Bereichen gibt - für viele Menschen, war der „Fall“ (im wahrsten Sinn) einer Lehrerin in Essen. Dokumentiert beispielsweise in der „Zeit“ vom 12.2.2007. 51 jährig mit Herzinfarkt verstorben. Aber wohl gestorben weil ihr Herz(blut) gebrochen, ausgebrannt wurde ... Petra S. hatte nach dem Bericht, Aussagen ehemaliger Kollegen dort, oft die Klassen mit den „schwierigsten“ Schülern, bis zuletzt. Zunächst auch getragen von einem wohl tollem Kollegium: „Wir hielten zusammen, alles wurde gemeinsam beschlossen, und wenn einer von uns heulend aus der Klasse lief, bauten wir ihn wieder auf«, sagte eine Lehrerin. Sie wiesen bei Vorgesetzten immer wieder auf die schlimmen Zustände hin auf ihrer so bezeichneten „Problemschule“ in einem „Brennpunkt-Viertel“. Ohne wirkliche Reaktion. Nach PISA-Studien-Ergebnissen kamen vom Ministerium dann aber auf einmal aber Neuerungen. Schlag auf Schlag. Die Schule sollte zum Ganztagsbetrieb werden mit Lernen in den ersten beiden Jahren Klassen übergreifend. Für jedes Kind eine Akte - was es kann, wie es gefördert wird ... In anderen Ländern schrittweise umgesetzte Maßnahmen, hier urplötzlich und überfordernd angeordnet. Wo schon schwer genug war den bisherigen Alltag aufrechtzuerhalten nun noch das zusätzlich, urplötzlich ... Zweifel des Kollegiums wurden vom zuständigen Schulrat auf einer Lehrerkonferenz beantwortet mit »Ich habe denen gesagt,

Tausende arbeitslose Pädagogen stehen draußen bereit, um Ihren Job zu übernehmen.« Zu einem Unterrichtsbesuch kamen alle (!) Schulräte der Stadt. Mehr als die Hälfte der Kinder erfüllte beim Leseverständnis nicht die Minimalanforderungen. Aber von Kindern die unter sehr schwierigen Bedingungen lernten ja auch kein Wunder. Die besagte Lehrerin war beim Besuch sehr nervös, lieferte deshalb ausnahmsweise einmal keine gute Stunde ab obwohl sie zuvor Jahrzehnte lang souverän und erfolgreich unterrichtete, bei Kollegen, Eltern und Schüler sehr beliebt war – und angesichts schwerer Bedingungen und Voraussetzungen auch durchaus auch tolle Erfolge hatte. Aber das zählte nicht, wurde auch nie anerkannt. »So eine schlechte Stunde habe ich selten gesehen«, sagt ein anwesender Schulrat. Nicht nur fehlte scheinbar ein Konzept. Die Beamten vermissten »jede Sympathie mit den Kindern«. Schlimmeres konnte man dieser Lehrerin wohl, auch völlig unsinnig- das hätte jeder der sie kannte ja bestätigen können - nicht vorwerfen. Zumal man das in so einer kurzen Zeit ja auch nicht beurteilen kann (auch solche „Urteile" über Menschen, zudem nach so kurzer Zeit, sind ja schon alleine in vielen auch anderen Berufen und Bereichen – auch von Beratern bzw. Pädagogen und Therapeuten oder Chefs getroffen - eine völlige Frechheit, natürlich absolut unsinnig und respektlos!).

Und Konsequenzen wurden ihr und drei anderen Kollegen gleich angedroht: »ganztägige Unterrichtseinsichtnahmen«, »Personalentwicklungsgespräche«, gegebenenfalls »disziplinarische Konsequenzen«. Die Lehrerin bekam

Panikattacken. Zwei andere ließen sich krankschreiben, andere verließen die Schule (in vorzeitigen Ruhestand). Der Schulleiter hatte sich zermürbt schon vorab versetzen lassen. Besagte Lehrerin aber blieb. Sie ging in Therapie, nahm Antidepressiva. „Funktionierte" so einigermaßen. Zu Schuljahr-Beginn wurde aber ihre Klasse aufgelöst. Nach Jahrzehnten hatte sie zum ersten Mal keine mehr, sie fühlte sich abgestraft. Etwa drei Monate später starb sie, in ihrer Wohnung nach zwei Tagen gefunden, krankgeschrieben – Fuß gebrochen, Ermüdungsbruch. Herzinfarkt. »Tragisch, dass die Frau sich alles so zu Herzen genommen hat«, sagte der Schulrat. »Ich habe mir nichts vorzuwerfen, weder fachlich noch menschlich«, er kannte die Kollegin auch kaum meinte er ... (alle Zitate sind aus o. g. Artikel entnommen).

Könnte so etwas absolut Unmenschliches, Brutales, Unverschämtes, Herzloses (!), ... passieren, wenn in unserem Land immer Sachverstand, Menschlichkeit bzw. gesunder Menschenverstand vorherrschen würde? In Deutschland heute hat zwar nicht „die Partei" immer recht, ein Amt, Ministerium u. Ä. aber „natürlich" fast immer schon- auch hier „lebe" die Bürokratie bzw. „Autorität"(?). *Was zählt da schon die Realität, Praxis oder gar Menschlichkeit*? Wem so etwas wider fährt der läuft natürlich große Gefahr sich – zu Unrecht – auch selbst keine Wertschätzung mehr zu geben. Zumal es dann ja sicher fast immer auch noch minderbemittelte und weniger kompetente, menschliche Leute gibt, die auf den Zug aufspringen und gerne noch eins „draufgeben" – den Menschen, die eigentlich viel mehr drauf haben, die man schon immer beneidet hat ... Mit der Folge von Mobbing bzw. völligem Burn-out bzw. Suizid für diese. Ich denke das spricht für sich, möchte es auch ansonsten weiter unkommentiert lassen- damit man es auch auf sich wirken lassen kann. Bitte tun Sie das einmal zumindest einen Moment. Das sagt so viel aus ... Und auch wenn es ein zugespitztes Beispiel ist- es ist ganz sicher, zumindest in etwas abgeschwächter (aber kaum weniger gefährlichen) Form ganz sicher kein Einzelfall! Sondern in vielen Bereichen und Berufen bzw. Schulen (auch unter Schülern!) in ähnlicher Form sehr oft auftretend. Nur wird darüber leider sehr selten berichtet ... Was es für Betroffene noch schwerer macht.

Sehr oft sind ja auch Schüler die Opfer. Aber eben auch Lehrer. Ich habe einmal in einem Leserbrief Lehrer verteidigt, die in einem Artikel bzw. Kommentaren dazu wirklich einfach nur dumm angepflaumt wurden. Wollte da nur gegen solch eine Ungerechtigkeit vorgehen, schrieb m. E. Selbstverständliches. Die zig Dankesschreiben von Lehrern, die ich daraufhin bekam, zeigten mir dann aber wie wirklich sehr viele Lehrer (und ähnlich auch andere Pädagogen bzw. Eltern) sich heute „anerkannt" fühlen. Wie geprügelte Hunde, für fast alles schuldig gemacht, kaum unterstützt, sie werden überfordert ... Mit der Folge von (i. V. m. einem äußerst harten Job) fast immer sehr großem Burn-out ... Kaum ein Lehrer erlebt so auch sein Renten-, Pensions-Alter. Zumindest nicht im Beruf. Aber auch Eltern fühlen sich heute viel zu oft ja zum Sündenbock gemacht bzw. zu wenig unterstützt und so natürlich auch ausgebrannt.

Natürlich gibt es auch einige dumme, schlechte Eltern und Lehrer. Die auch kein Burn-out bekommen (bzw. schon bei der kleinsten Anstrengung, kleinstem Hüsterchen sich krank schreiben lassen - auf Kosten von Kollegen). Die – vergleichbar auch in anderen Bereichen, Berufen- leben auch meistens sogar noch auf Kosten anderer bzw. sind wirklich faul und hetzen auch noch über andere, sind Mobbing-Täter ... Dumm und dreist, dummdreist, erbärmlich ... Und zum Schaden der Guten (und auch der Schüler, Kinder usw.).

Und wie viele unsinnige Normen, Vorschriften, Strukturen etc. es zudem gibt! Die ja auch fördern – bzw. zumindest nicht verhindern – dass Menschen zunehmend „unmenschlicher" bzw. ausgebrannter werden. Natürlich auch nicht nur im Bildungs- und auch sozialen Bereich. Sondern auch in anderen Berufen und auch sonst im Alltag. Alleine die, die jeder so kennt ... Die schon unzählige Bücher oder auch TV-Sendungen, Dokumentationen füllten. Auch wirklich eigentlich unglaubliche. Oft heute kaum (noch) bekannte. Da gilt z. B. eben eine einfach nur persönliche Neigung wie Homosexualität bis 1975 (!) in Deutschland als Straftat bzw. Krankheit. Und Gewalt bis hin zu Vergewaltigung in der Ehe bis vor Kurzem noch als „normal" bzw. legitim. Und das in einem Land wie Deutschland, das sich für seine Demokratie, Rechts- und

Sozialstaatlichkeit rühmt ... Mit fatalen Folgen für Millionen Menschen. Die sich dann auch noch Druck bzw. Vorwürfe machen, dass sie in so einem „tollen", sozialen Land Probleme bekommen. Das ist aber oft alles andere als toll und sozial! Und oft auch nicht gerecht, auch Leistung wird oft nicht belohnt usw. – es ist nicht jeder seines „Glückes Schmied", man hat wie gesagt oft kaum die Chance dazu ...

Es gibt in Deutschland auch fatale Sachen, die es in anderen Ländern gar nicht gibt. Das Wort „Rabenmutter", um nur ein Aussage kräftiges Beispiel zu nennen, gibt es in z. B. Frankreich gar nicht. Als ich das zum ersten Mal hörte dachte ich, dass das ja logisch ist. Es gäbe das Wort natürlich dort in deutscher Sprache nicht. Aber es gibt diesen Begriff dort *gar* nicht! Den Vorwurf, der dahinter steckt und hierzulande so viele Frauen hart trifft, bis hin zum nötigen Gang zum Therapeuten! In Frankreich und anderen Ländern werden Mütter, die auch arbeiten gehen bzw. auch einmal auch an sich denken (zurecht, wenn es den Eltern gut geht können die ja auch besser für die Kinder da sein) zumindest nach außen hin gar nicht so als Problem gesehen. Das sind sie ja auch nicht, das ist doch zumindest nicht schlecht für die Kinder. Wenn Mama auch noch andere Sachen erlebt, auch vielleicht doch im Beruf noch etwas Abwechslung und Anerkennung bekommt was auch dem Kind wieder gut tut. Einmal ganz davon abgesehen, dass viele Frauen auch arbeiten gehen müssen aus ökonomischen Zwängen heraus. Und es halt auch viele Arbeitslosen-Statistiken verschönert, wenn Frauen

„freiwillig“ zurück zu „Heim und Herd“ gehen – wohl auch ein Grund dafür, dass viele Politiker das so toll finden.
Denn dass eine berufstätige Mutter Kindern gut tun kann belegte zuletzt z. B. auch eine Studie des University College in London (zitiert beispielsweise in der Zeitschrift „Alverde“ 2/ 2012). Das wurde dort bei 12 000 Kindern im Geburtsjahr sowie jeweils mit drei und fünf Jahren erforscht. Die Kinder, deren Mütter und Väter beide Beruf und Nachwuchs unter einen Hut brachten waren sogar am besten entwickelt. Nach Vermutung der englischen Wissenschaftler weil berufstätige Eltern ausgeglichen sind- was sich auf Kinder überträgt. Das muss natürlich nicht immer so sein, zumal der Beruf heute ja wahrlich nicht immer zu Ausgeglichenheit führt. Dass berufstätige Mütter der Kindes- Entwicklung generell schaden entbehrt aber jeglicher wissenschaftl. Grundlage. Aber solche Diffamierungen wie „Rabenmutter“ können Menschen wirklich auch ganz existenziell treffen, Lebens gefährdend- manchmal noch mehr wie ganz offene!
Andererseits werden Mütter, die sehr an ihrem Kind hängen, es kaum hergeben möchten um z. B. zur Arbeit oder anderswohin gehen zu können, hier auch angemacht. Warum denn das dann auf einmal bitte? Ist schlecht, wenn man an seinem Kind hängt, das liebt, Muttergefühle hat? Ganz sicher nicht. Außer es nimmt wirklich sehr überzogene, krankhafte Züge an - was aber sehr selten der Fall sein dürfte. Und wenn nur weil man mit eigentlich guten Gefühlen so falsch umgeht. Und selbst dann müsste man ja schauen, woher das kommt, Unterstützung geben – auch

nicht nur psychologisch, sondern zur besseren Kinder-Betreuung auch während der Arbeit - statt Vorwürfe machen. Gerade solche subtilen, unterschwelligen Vorwürfe – bzw. zu wenig Anerkennung, auch z. B. bei der Arbeit oder auch als „nur“ Rentner oder „Arbeitsloser“ oder auch „Ausländer“ oder „nur“ Mutter usw. - lassen Menschen oft aber auch verzweifeln, bis hin zum Suizid (Weiteres dazu und zur S.-Prävention bei Bronisch). Ebenso wie natürlich auch offene Formen von Mobbing und dergl. Oft liegt es aber auch an sehr bedenklichen bzw. ungerechtfertigten, ungerechten Vorurteilen bzw. Ansichten, Normen und Umständen.

Apropos Vorurteile: Dazu noch ein Auszug eines Berichtes von Focus (Money) online vom 17. 04. 2012: „Kein Name, kein Alter, kein Foto: Das vor sechs Monaten gestartete Pilotprojekt mit anonymen Bewerbungen war aus Regierungssicht erfolgreich. Vor allem Migranten und Frauen hätten bessere Chancen bekommen.

Eine positive Bilanz des Pilotprojekts für anonymisierte Bewerbungsverfahren hat die Antidiskriminierungsstelle des Bundes gezogen. Menschen, die bei Bewerbungen vorher nicht die gleichen Chancen hätten, Migranten etwa oder Frauen, bekämen sie im anonymisierten Bewerbungsverfahren „und das ist gut“, sagte die Leiterin der Antidiskriminierungsstelle, Christine Lüders, am Dienstag im ZDF-„Morgenmagazin“. In den Unternehmen habe das Pilotprojekt eine „Riesendiskussion“ ausgelöst, inwiefern Klischees das Bewerbungsverfahren beeinflussten.

Bei dem Projekt anonymisierte Bewerbungen verzichteten die Arbeitgeber auf Fotos sowie Angaben wie den Namen, das Alter, das Geschlecht, die Herkunft oder den Familienstand. Einige setzten dabei auf Onlinebewerbungen, andere auf Formulare per E-Mail oder Post und wiederum andere ließen Bewerbungen erst nachträglich anonymisieren. Erst bei einer Entscheidung für einen Bewerber wurden die persönlichen Details bekannt gemacht.(...)."

Aber wird dagegen wirklich, grundsätzlich und nachhaltig, etwas gemacht? Wurde seit Erkenntnissen der „PISA-Studien" usw. über Benachteiligungen aufgrund der Herkunft wirklich etwas, genug geändert? Gefahr erkannt, Gefahr gebannt? Doch sicher nicht! Bis zum nächsten Wahlkampf vielleicht etwas, aber dann ... Es ist wohl eher „Gefahr erkannt, getan aber nichts – oder viel zu wenig"! Und das ist natürlich gar nicht „gut so" - sondern ein jämmerliches Armutszeugnis für die Verantwortlichen! Nicht zuletzt Unternehmer und, vgl. auch zur „Antidiskriminierungsstelle" Ausgeführtes, Politiker ...
Es ist ja auch kein Wunder, dass (zumindest) jeder Dritte in Deutschland sich diskriminiert fühlt, bei o. g. Personengruppen. „Ausländer", „Ossis", Frauen, ältere und „behinderte" Menschen generell, Homosexuelle ... Das ist ja die Mehrzahl der Deutschen! Zumal wenn man noch andere ärmere Menschen dazunimmt, Geringverdiener – was ja spätestens seit Einführung des „Teuros" alleine auch schon die Mehrheit der Deutschen ist ...

Und das ist ja auch interessant dafür, wie solche Vorurteile generell in Deutschland heute noch eine Rolle spielen, zumal in so wichtigen Bereichen wie Stellen – Suchen. Und davon – „ohne Moos nix los“ kann natürlich das Schicksal von Menschen auch sehr abhängen. Es zeigt auch wie gefährlich sein kann – bzw. Gutes in Menschen verkennend – wenn man sich von Oberflächlichkeiten, Äußerlichkeiten und Klischees blenden lässt. Bzw. aufgrund derer sogar noch Mobbing betreibt. Aber auch, dass andere Menschen zu schädigen nicht nur über Mobbing im engeren Sinn passieren kann, sondern auch sonst, wenn man diffamiert bzw. diskriminiert, benachteiligt (wird), s. oben. Mit oft auch sehr fatalen Folgen!

Zumal, wie unser derzeitiger „Vorzeige-Fußballer“ M. Özil neulich in einem Interview sagte, doch vor allem wichtig ist welchen *Charakter* Menschen haben (und nicht welche Herkunft, Beruf (falls überhaupt), oder Geschlecht, sexuelle Neigung und dergleichen)!
Das sollte wirklich auch generell noch mehr beherzigt werden. Zumal ja auch viele Menschen Özil, Khedira und Co. anfeuern, verehren – beim „ausländischen“ Nachbarn oder Kollegen, Mitschüler (oder auch „Ossi“ oder gar „Assi“ usw.) dann aber doch wieder Vorurteile haben ... Und wenn Deutschland wirklich so liberal wäre wie es sich oft rühmt – warum hat sich dann z. B. immer noch kein berühmter Fußballer zu seiner Homosexualität bekannt? Oder warum tat z. B. Herr Wowereit das auch nur eher unfreiwillig? Und dass man auch trotz aller „Macken“,

die ja Jeder hat, kein schlechter Mensch sein muss, auch völlig unabhängig von seiner Herkunft, ist z. B. auch ein „Credo“ des Berliner Sängers „Sido“. Der wohl gerade auch deshalb, dieser Botschaft, so beliebt ist. Gerade auch in sogenannten „Problem- Vierteln“ auch in Berlin. Und auch wenn man nicht alles gut finden muss, was so von Sido kommt (ebenso wie natürlich auch z. B. von mir oder wem auch immer) – da hat er wirklich recht und gibt damit auch zu Recht sehr vielen jüngeren aber auch älteren Menschen mehr berechtigtes Selbstbewusstsein als z. B. viele Therapeuten zuvor. Wenn auch in oft recht schräger Form ... Trotzdem: Respekt.

VI. Man sollte Menschen nicht in unpassende Normen zwängen-
sondern Normen, die Gesellschaft menschlicher machen!
Und mehr Individualität achten, fördern, respektieren ...

Bedenkliche „Normen“, kulturelle Unterschiede gibt es selbst innerhalb Deutschlands- selbst zur gleichen Zeit. Außer dass im Laufe der Zeit, der Jahrhunderte – aber auch innerhalb manchmal nur weniger Jahre- zudem „unbedingt Nötiges“, was Generationen von Menschen zu erreichen extrem viel Kraft abnötigte, sie ausbrannte ... Auf einmal gar nicht mehr als nötig, manchmal nicht einmal mehr gut bzw. möglich gesehen wird (Weitergehendes dazu ist z. B. bei Wulf zu finden)!
Wo auch dummes Angemache bis hin zu Mobbing bzw. „Makelhaftes“ in nochmals anderem Licht erscheinen kann. Nur ein kleines aber auch viel aussagendes Beispiel aus meiner Kenntnis dafür:
Eine Frau leidet daran, dass ihr Vater Straßenmusiker ist- das gilt in ihrer, einer kleinen Stadt (wo man heute z. B. oft ja auch Homosexualität weiterhin als „nicht normal“ ansieht, Vergewaltigung in der Ehe aber vielleicht manchmal schon) als total asozial. Sie wird in der Schule gehänselt ... Und landet in Therapie. Jahre lang. Kaum hilfreich. Sie braucht

Medikamente gegen Depressionen, ist hin und her gerissen, denn eigentlich liebt sie ihren auch sonst für sie tollen und lieben Papa und seine Musik, das gilt ja aber als "bäh“ ...Sie ziehen um, in eine große Stadt, alternativen Stadtteil dort. Dort gelten Straßenmusikanten als Künstler. Das Mädchen wird bewundert für ihren Vater, ist happy ... Braucht nie wieder Medikamente. Ihre letzten schickt sie an ihre alte Klasse – inklusive dem Lehrer dort - mit einer Karte "IHR seid krank, asozial, Spießer"!

Dadurch, dass ich in verschiedenen Städten arbeite bzw. gearbeitet und gelebt habe lerne ich auch immer wieder, dass oft ein Umzug – ggf. auch nur in eine andere Klasse, Abteilung usw. - bei angeblich persönlichen (also „in der Person liegenden“) Problemen schlagartig helfen kann. *Durch Ändern des Umfeldes bzw. der Umstände.* Wo also auch klar wird, dass keinesfalls immer Probleme nur oder alleine in einem Menschen allein zu suchen sind, oft sogar überhaupt nicht. Sondern mehr oder nur in der Umwelt begründet.. Mit dieser Erkenntnis muss man als Lösung dann auch nicht unbedingt umziehen (auch wenn, s. oben, oft ein kleiner Wechsel z. B. der Gruppe, Klasse, Abteilung usw. oder kl. Änderung bzw. Aussprache dort sehr helfen kann, ggf. mit Unterstützung). Man kann aber natürlich eine ganz andere Haltung bekommen auch in seinem Selbstwertgefühl und Selbstbewusstsein- wenn man sich selbst, alleine, weniger oder gar nicht als das „Problem“ sieht. Und so – unheimlich Kraft fressende - Selbstvorwürfe ablegen und auch viele neue Kräfte,

Selbstwertgefühl gewinnen kann- als sich auch selbst als guten, starken Typ, Menschen erkennend- auch mit völlig berechtigten Ansichten, Bedürfnissen, völlig im Recht usw. (was auch z. B. hilfreich gegen „Burn-out“ und Mobbing oder dergleichen sein kann). Bzw. auch gegen Andere, die sich als so toll bzw. im Recht, besser bzw. als etwas „Besseres“ fühlen ... Man kann sich auch mehr, bessere Gleichgesinnte suchen, die einen auch besser verstehen und würdigen können, auch mit gegenseitiger Unterstützung. So ein neues, anderes Umfeld ist auch sehr oft von entscheidender Bedeutung. Wo man auch mehr Wertschätzung statt auch noch Vorwürfe bekommen kann – gegen Burn-out bzw. auch dummes Angemache bis hin zu Mobbing ja ganz entscheidend wichtig!

In einem Umfeld, das die Fähigkeiten, Wünsche und Träume von Menschen, Lebewesen verkennt können diese aber natürlich nicht soweit kommen wie es eigentlich möglich wäre!

Manchmal ist ja auch z.B. die Auffassung was "gesund", gut oder schlecht ist selbst innerhalb einer Stadt, unterschiedlichen Stadtteilen - z.B. Berlin- Kreuzberg oder Hamburg- St. Pauli im Gegensatz zu anderen Stadtteilen dort - oder unterschiedlichen Familien selbst in gleichen Stadtteilen völlig anders! Auch ein Pädagoge oder psycholog. Berater z. B. in einem "bürgerlichen" Stadtteil z. B. Hamburgs oder Berlins etc. sieht ggf. was für einen Menschen, ein Paar, Eltern, Kinder etc. "richtig" ist total anders z. B. als ein Berater in einem eher "alternativen" Stadtteil in Hamburg- St. Pauli, Berlin-Kreuzberg usw. Und selbst innerhalb des gleichen Stadtteils gibt es Berater mit unterschiedlichen Erfahrungen, Anschauungen usw. „Fünf Therapeuten (oder auch Pädagogen, Berater usw.), bis zu fünf Meinungen" trifft wirklich nicht selten zu. Wo durchaus oft auch ein Wechsel sinnvoll sein kann, wenn einfach halt auch die „Chemie", „Wellenlänge", Weltanschauung usw. nicht passt. Nichts gegen auch seine eigene Anschauung immer wieder zu hinterfragen, offen für Neues zu sein. Aller Ehren wert! Nur dass z. B. ein Pädagoge oder Psychotherapeut, Berater usw. immer bessere oder sinnvollere (Welt-) Anschauungen usw. hat ist natürlich auch nicht gesagt. Warum auch? Ein Pädagoge, Therapeut (oder auch Anwalt, Mitarbeiter eines Amtes usw.) wählt ja z. B. die CDU, ein anderer SPD oder Grüne oder die Piraten- Partei, vielleicht sogar die NPD oder was auch immer, hat vielleicht auch dementsprechend andere Vorstellungen vom Leben, auch nicht unbedingt bessere ...

Und „gut“ und „schlecht“ – das muss ja auch jeweils zu eigenen Vorstellungen, Werten passen.
Es gibt auch keine eindeutig “wirkliche“ Realität, die ist immer selektiert. Alle menschl. Ziele resultieren also aus Entscheidungen / Anschauungen, welches Ziel sie mehr anstreben- und beschränken dadurch zwangsläufig andere! Deshalb ist Menschen auch „allseitige Perfektion“ nicht möglich... (vgl. auch dazu z. B. Wulf, S.38f., 41, 43ff). Vieles was in einer Gesellschaft als „krank“ gilt ist ja auch in anderer Gesellschaft oder Zeit völlig normal oder z. B. besonders angesehen. Wird anders behandelt, betrachtet - wie eben z. B. Herr Wowereit, heute Bürgermeister der deutschen Hauptstadt, bis 1975 noch psychologisch betreut worden wäre wegen Homosexualität.. Bzw. bestraft. Weitere Beispiele bei Wulf S.203ff. Natürlich kann und muss man auch bestimmte Ziele für sich „selektieren“, z. B. soziale, humanistische. Und sollten aber auch nicht soziale, ausbeutende, ausnutzende, diffamierende Ziele bzw. deren Träger, Menschen entsprechend abgelehnt werden bzw. deren Machenschaften bekämpft oder zumindest gemieden – *und auch nicht als „Richter“, Urteilender über seine eigene Person anerkannt werden*! Denen sollte man es sicher ja auch nicht (immer) „recht machen“!

Ebenso wie natürlich auch nicht umgekehrt heißt, dass ein Vertreter einer grundsätzlich benachteiligten Gruppe – z. B. der Frauen oder Homosexuellen oder „Ausländern“, „Ossis“, „Schwarzen“ – (immer) recht haben muss oder bessere Politik macht, wie ja auch Beispiele wie Merkel, Wowereit,

Obama usw. zeigen. Auch hier geht es ja um Bewertungen von Inhalten, nicht Äußerlichkeiten (Hautfarbe, Geschlecht, sexuelle Neigung usw.). Natürlich gibt es auch „solche und solche“ Frauen, Homosexuelle, „Wessis“ und „Ossis“, „Ausländer“ usw. – ebenso wie Männer, Heterosexuelle etc. Es gibt ja z. B. auch türkische Faschisten, nicht nur deutsche ... Oder auch weibliche oder homosexuelle Unternehmer, die Frauen und Männer ausnutzen ... Es gibt auch vergewaltigte Jungen und Männer usw.

Und in Untersuchungen finden unterschiedliche Therapeuten ja auch regelmäßig teilw. sogar zig (manchmal vollkommen) unterschiedliche Ursachen/behandelbare Krankheiten (vgl. auch z. B. -das, auch an dt. Universitäten genutzte, Lehrbuch der- „Psychologie“ von P. G. Zimbardo, S. 629 ff. , dazu). Je nach Ansatz bzw. auch ihrer fachlichen oder noch mehr Welt-Anschauung. Oder auch einige davon gar keine, nichts „Krankhaftes“ – bei ja oft auch, siehe oben, eigentlich gar nicht krankhaftem oder schlechtem Verhalten! Ein auch sehr Aussage kräftiges Beispiel dazu (auch zu finden bei Zimbardo, S. 630 f.): In den USA machte ein Therapeut, David Rosenhan, mit 7 anderen Menschen einen Versuch: Sie - alle vollkommen gesund - lieferten sich mit vorgetäuschten Halluzinationen in verschiedene psychiatrische Kliniken ein. Und wurden dort dann deshalb von allen behandelt, als ob sie wirklich krank, depressiv usw. wären – obwohl sie sich dann vollkommen normal, gesund, zufrieden,... verhielten. Alles, was sie sagten wurde als "Widerstand" gegen die Einsicht in ihre Krankheit betrachtet und behandelt, teilweise mit Medikamenten oder zumindest Verpflichtung zu Verhaltens- Therapie usw. ! Auch hier gibt es also gewaltige Vorurteile bzw. „Abstempelungen". Und auch wenn man von Irgendjemand – selbst Fachleuten – bestätigt bekommt, dass man eine Krankheit bzw. „Makel" hat sollte man das durchaus auch, siehe oben, kritisch betrachten bzw. hinterfragen. Und Zimbardo warnt an dieser Stelle (S. 630) auch zurecht eindringlich – ganz, ganz wichtig - dass die Entscheidung eine Person für psychisch krank, gestört zu bezeichnen auch ein Urteil für, über diese ist „und häufig ist es das Urteil über einen Menschen, der über weniger Macht oder einen geringeren sozioökonomischen Status verfügt". Auch das ein sehr, sehr wichtiger, mahnender Aspekt- nicht nur für Betroffene, sondern eben natürlich auch für Therapeuten, Pädagogen, Berater (auch bei Behörden, Ämtern usw.)!. Gerade auch in Deutschland, wo (s. oben) Herkunft ja generell schon viel zu viel entscheidet. Also oft auch darüber, was angeblich (!) gut oder schlecht, oft quasi auch ein „Makel" ist! Der Sieger schreibt ja auch immer die Geschichte. Hätte z. B. die ehemalige „DDR" gewonnen würden in Deutschland ja heute ggf. auch andere Werte, Ansichten als ungut bzw. „krank" gelten als nun. Bzw. auch andere Werte, Ansichten als gut. Auch wenn ja sicher wahrlich nicht alles in der DDR – und auch in der „BRD" - gut und gerecht, akzeptabel war. Aber dann würde ja vielleicht heute öfters ein Mensch westdeutscher Herkunft bei einem Therapeut ostdeutscher Herkunft in Therapie

sitzen ... Als nun eher umgekehrt. Tja, die Herkunft ... Ist ja sooo wichtig. Oder?
Oder vielleicht ist die Herkunft, ähnlich wie der Ruhm (frei nach Goethe) nichts- und *die Tat alles*? Geht es also doch mehr darum, wie Menschen jeweils handeln, (auch ethisch, moralisch) - gut oder nicht ...

Zumal es ja auch noch in jedem Menschen viele gute Eigenschaften, Fähigkeiten gibt, die noch gar nicht entdeckt wurden. Im Arbeitsalltag, der viele davon auch nicht nutzt, fördert bzw. auch schon zuvor – in viel zu großen Schulklassen und Gruppen im Kindergarten (außer in denen für Menschen privilegierter Herkunft) wo individuelle Förderung – auch bei evtl. Schwächen aber eben auch Stärken – gar nicht wirklich möglich war. Da schlummert also noch sehr viel Potenzial in Menschen, gerade auch bei solchen mit nicht- privilegierter Herkunft! Auch zu deren Weiter-Entwicklung, zumindest mit Hilfe von Förderern hierfür z. B. im Rahmen einer psychologischen Beratung. Aber man kann, zumindest zusätzlich, ja auch selbst mehr solche gute Seiten bei sich und Mitmenschen suchen – und dann auch finden können. „Wer an das Gute im Menschen glaubt, bewirkt das Gute im Menschen" (Jean Paul). In der Tat ...

Ebenso kann man aber natürlich auch viel Schlechtes bewirken, wenn man Menschen Schlechtes tut bzw. unterstellt (oder nur bzw. vor allem Schwächen, Makel). Z. B. auch durch Mobbing, üble Nachrede und dergleichen. Zumal ja oft gar nicht so einfach ist das zu widerlegen, selbst wenn es absoluter Unsinn ist. Das aber auch nicht nur in individueller, sondern auch sozusagen pauschalisierten Form, was für einzelne Betroffene aber kaum weniger fatal ist. Und auch schon unzählige Menschen in den Suizid trieb. Durch allgemeine Vorurteile, Diskriminierungen, Stigmatisierungen und dergleichen. Und das fängt durchaus schon bei dummen Witzen an, z. B. auch „nur“ über Blondinen bzw. generell Frauen, „Behinderte“, Homosexuelle, „Ausländer“, „Schwule“ usw. Natürlich sind z. B. auch nicht alle BWL-Studenten künftige „Bonzen“, Ausbeuter ... usw. Man muss in alle Richtungen vorsichtig sein. Klar gibt es auch dumme BWLer – genauso wie auch „Ausländer“, „Behinderte“ etc.– aber natürlich nicht nur, ebenso wenig wie nur dumme oder nicht dumme sonstige Deutsche ... Selbst die Begriffe an sich können zumindest problematisch sein. Z. B. auch „Asylant“ – mit gleichem Wortstamm wie z. B. „Querulant“. Für Menschen, die ja z. B. große Kämpfer für Menschenrechte in ihren Heimatländern waren, dort gefoltert wurden deshalb und flüchten mussten ... Oder auch „nur“ aus materieller Not ihrer Familie (mit vielen Opfern dafür bzw. dadurch!). Oder auch „Ausländer“ für sogar in Deutschland voll integrierte und hier geborene Menschen, also natürlich „Inländer“ mit auch sehr großem Wert, Bereicherung für Deutschland ... So etwas ist vielen Menschen ja gar nicht bewusst. Und viele „Ausländer“, „Behinderte“ usw. stören solche Begriffe vielleicht gar nicht so, auch nicht Witze – auch Homosexuelle, Blondinen, „Ossis“ usw. Oder auch Menschen mit schwarzer Hautfarbe nicht, dass es immer noch „Negerküsse“ gibt oder Kinderlieder wie „10 kleine Negerlein“ usw., die üblen Zeiten entstammen. Einige aber schon – und das reicht, sollte wirklich Grund genug sein so etwas endlich zu lassen! Zumal man so etwa dann grundsätzlich als „legitim“ betrachtet und vielen Betroffenen gar nicht so bewusst ist, dass es sie innerlich, seelisch schon verletzt bzw. eben auch behindert, benachteiligt. Ebenso wie z. B. – auch ganz objektiv - Menschen aus „Problemschulen“ oder gar „Problemvierteln“ bzw. „Problemkinder“ usw. Diese Kinder *sind* ja aber keine Probleme – sondern sie haben, *kriegen* welche (durch unzulängliche Umstände bzw. auch Förderung bzw. Vorurteile). Und ganze Schulen oder Stadtteile bzw. Menschen dort zu stigmatisieren ist ja nicht nur Menschen verachtend – zumal das meistens Folge schlechter Zustände bzw. Politik ist, wofür diese Menschen ja aber nicht verantwortlich sind. Aber diverse Tests haben ja zudem ergeben, dass Menschen die von dort kommen auch noch z. B. bei Stellen-Bewerbungen (vgl. auch das dazu genannte Beispiel) viel weniger bzw. kaum Chancen haben. Was natürlich auch deren Leben zumindest sehr einschränken und belasten kann, auch durch daraus entstehende Armut mit wiederum gravierenden Folgen deshalb (s. oben). Und wenn Eltern und Kinder, Kitas und Schulen bessere Bedingungen hätten gäbe es sicher auch extrem viel weniger „verhaltensauffällige“ Kinder und Jugendliche. Auch „verhaltensauffällig“ ist oft schon zumindest stigmatisierend bis diskriminierend. Denn alleine schon die räumliche Ausstattung z. B. von vielen

Schulen, Kitas und anderen Einrichtungen – auch z. B. sogar Kinderheimen oder therapeutischen Einrichtungen, aber auch Arbeitsplätzen usw. - kann heute wirklich oft depressiv oder aggressiv, unruhig machen! Auch Lehrer aber vor allem Schüler. Dagegen „auffällig“ zu werden ist auch gutes Recht, verständlich ...

Das Beispiel der Berliner Rütli- Schule zeigte z. B. ja aber auch, dass Proteste gegen schlechte Zustände durchaus Erfolg haben können. Wo mehr gutes Personal auf einmal bessere Schüler- Leistungen, weniger Gewalt, „Verhaltensauffälligkeiten“ usw. brachte! Obwohl es die gleichen Schüler waren, die dann eben „nur“ besser gefördert werden konnten. Und *auf einmal nicht mehr „Problemschüler“ waren und die Lehrer auf einmal nicht mehr überforderte* (angeblich wenig geeignete)! Auch weil sie dann endlich besser unterstützt wurden bei einem alles andere als einfachen Job. Die „Verhaltensauffälligkeiten“ zuvor der Schüler (und auch vieler Lehrer) waren dort – wie bei auch sonst Millionen anderen Menschen – letztlich *gesunder Protest, Verhalten gegen unzumutbare, auch Fähigkeiten einengende usw. Verhältnisse!* Und auch das ein Beispiel, das sehr mahnen sollte gegen Problem- Suche (nur) in den Personen, Menschen- statt schlechten Bedingungen! Bzw. gegen solche Stigmatisierungen, Diskriminierungen, Vorurteile usw. Die sonst, vgl. auch das Beispiel der Essener Lehrerin, auch fatal enden können!

Wenn ein Mensch in einer Situation, auf einem Gebiet etwas nicht lernt kann er es in einer anderen Situation, später, auf einem anderen Gebiet ja ggfs. durchaus. „Was Hänschen nicht lernt ...“ ist wissenschaftlich auch völlig unhaltbar. Selbst älteste Menschen können noch Vieles lernen, wenn sie (endlich) bessere Förderung bekommen, bessere Bedingungen und ggf. auch Lehrer, Ausbilder haben – was zuvor ggf. fehlte. Endlich gibt es heute ja auch ein stark erweitertes Intelligenzverständnis (nicht nur ein „IQ“, sondern z. B. unterschiedliche mathematische, künstlerische, emotionale etc. Intelligenz, diese hängt zudem ja wiederum auch sehr stark von jew. Entwicklungsbedingungen ab... - dazu und zu weiteren entsprechenden Kritiken zu „deterministischem“, vorbestimmtem Verständnis von Menschen, deren Stärken und Schwächen – und auch dass Menschen natürlich auch an unterschiedlichen Sachen leiden oder sich erfreuen können, Vieles individuell ganz anders empfunden werden kann- vgl. z. B. auch Zimbardo S. 574f.).

Und „Die Geschichte ist voll von Annahmen über vermeintliche Grenzen der Erziehung des Educanden, die sich nachträglich als falsch herausgestellt haben.“ (Brezinka, W.: Schicksal? Grenzen der Machbarkeit, 120 f. – mit dort auch vielen Beispielen dazu bezüglich Educanden-Menschen die erzogen bzw. ausgebildet werden können).

Ein gutes Beispiel hierfür wohl auch wiederum Kinder mit „Trisomie 21“, die selbst nach Meinung von Wissenschaftlern bis vor noch gar nicht so langer Zeit als

„unbeschulbar“ galten ... Tja ... Inzwischen *gibt es schon viele Abiturienten aus diesem Kreis ...*

Und, last, not least, „...gilt es gerade in der Mannigfaltigkeit der Unterschiede und in den Kontigenzen das Ideal der Menschlichkeit zu begreifen“ (Wulf, S. 59). Also wenn anerkannt wird, dass es letztlich genau so viele unterschiedliche Fähigkeiten wie Menschen gibt! Das wäre auch Gold wert gegen Mobbing und Burn-out (erzeugende Bedingungen) ... Es gibt keine dummen, schwachen Menschen, jeder hat seine Stärken und Schwächen auf dem einen oder anderen Gebiet, abhängig aber eben auch nicht zuletzt von guten oder schlechten Lehrern, Ausbildern, äußeren Bedingungen, Umwelten, Umständen, ganz individuell passenden Förderungen oder Nicht-Förderungen etc. !

VII. Immer wieder: Opfer werden auch noch für ihr Leid verantwortlich gemacht ... Welch ver-rückte Welt!

Es ist, wie auch schon beschrieben, sicher sehr verletzend und kann fatal sein, wenn man als Opfer zu wenig Hilfe, Schutz, Unterstützung bzw. (auch noch) nicht einmal Verständnis und Anerkennung bekommt. Auch psychologisch betrachtet- wo heute ja sehr entscheidend gesehen wird welche Ressourcen, Fähigkeiten man hat um mit etwas Erlittenem umzugehen für die – soweit möglich - Bewältigung bzw. Aufarbeitung. Oft entscheidender als die Tat selbst. Diese Fähigkeiten haben aber natürlich auch nicht nur mit der Person des Opfers zu tun, sondern auch - bzw. noch mehr- *welche Unterstützung es bekommt oder nicht.* Je nach dem wird man natürlich auch „stärker“ bzw. „schwächer“ (im konkreten Fall aber oft auch später)! Ob das Opfer z. B. von Missbrauch oder Mobbing alle mögliche Unterstützung bekommt und Täter klar verurteilt werden oder ob Opfer sich auch noch anhören müssen „war doch nicht so schlimm“ (oder du wolltest es doch auch bzw. dein Rock war ja auch zu kurz usw.) – das kann natürlich ein Unterschied sein wie Tag und Nacht. Kann Menschen-Seelen bzw. deren Leben retten – oder in der negativen Variante selbst stärkste Menschen in den Tod treiben! Entweder direkt oder in „schleichende“ Formen des sich selbst Zerstörens, z. B. durch Drogen, auch Alkohol- oder

„sich gehen Lassens". Und Letzteres passiert leider viel, viel zu oft. Zumal das zum „mit Schuldigen machen" oft auch heute meistens nicht so offen, also auch wenig offensichtlich, eher subtil (auch bei Arbeitslosen, „Ausländern" usw. – s. oben) und damit erkennbar für Betroffene bzw. auch Außenstehende läuft. Und auch natürlich eigentlich irrsinnig ist – wie wenn man Opfern des „11.September" z. B. sagen würde „na ja, ihr hättet euch an dem Tag doch auch freinehmen können, dann wärt ihr nicht zum Opfer in den Hochhäusern geworden".
Aber es läuft subtiler, auch kaum wahrnehmbar. Wenn man z. B. Opfern von Mobbing auch noch selbst Schuld gibt für die Tat – durch ihren „Makel". Das rechtfertigt natürlich nie Mobbing, zumal auch kein Mensch ja „Makel- los" ist. Nur kann man Menschen damit umso mehr treffen, wenn es ja vielleicht sogar wirklich etwas ist, an dessen Entstehung sie beteiligt sind. Was ggf. auch sogar wirklich nicht so gut ist, z. B. wirklich gesundheitlich gefährlich ist oder werden könnte. Z. B. wenn man wirklich (sehr) „dick" ist. Oder wenn man nicht so „tolle Klamotten" hat (oder noch schlimmer – wenn man auch noch „Schuld" dafür „ist", sich fühlt das seinen Kindern nicht bieten zu können, „anzutun" ... Für Eltern natürlich extrem grausam).

Allerdings ist das ja dann eigentlich auch noch der Gipfel der Unverschämtheit. In unserer Zeit, wo Äußerlichkeiten viel zu viel zählen (z. B. Marken-Klamotten). Und in unserer „Generation Burn-out" fehlt ja vielen Leuten oft auch die Zeit bzw. Geld für gesunde Lebensführung,

Ernährung, auch Bewegung. In einer auch viel zu wenig bewegungsfördernden Umwelt, auch für Kinder. Für die Eltern im Stress auch oft zu wenig Geld bzw. Zeit haben, auch für gesunde Ernährung. Zumal Eltern (oder auch andere) selbst zu k. o. und ausgepowert sind. Das – oder auch „Kummerspeck" oder „Frustessen" - macht denen ja aber auch keinen Spaß und es ist ja nicht ihre Schuld, wenn Politiker versagen bzw. sie zu wenig Geld verdienen, was die meisten Menschen heute ja tun (bzw. man hat ständig viel zu viel Stress, auch durch zu wenig Geld). Aber dann hört man noch ständig zumindest durch die Blume in welchem Sozial-und Wohlfahrtsstaat wir leben, wo quasi doch jeder seines Glückes Schmied ist ... Das war man ja aber nicht einmal zu „Wirtschaftswunderzeiten"! Und die sind schon Jahrzehnte lang vorbei, selbst dort hatte nicht jeder gleiche Chancen ... Und heute lebt man in Wirtschafts*krisen*zeiten bzw. hat fast immer einen Alltag, auch im Beruf, der eben ausbrennt! Auch als Opfer von Managern, die Menschen um ihr hart verdientes Geld bringen und dafür nahezu nie haften müssen bzw. sogar noch horrende Abfindungen bekommen!

Wo auch, z. B. ja durch die PISA- oder o. g. Studien belegt, gerade in Deutschland Herkunft nach wie vor mehr entscheidet als z. B. Können und Leistung. Und auch das soziale bzw. „Hilfssystem" ist ja wahrlich nicht immer helfend. Das ist alles auch nicht nur eine gesellschaftskritisch wichtige Erkenntnis, sondern auch für einzelne Menschen von fundamentaler Bedeutung. Denn psychische (und physische) Folgen von Burn-out und

Mobbing können ja selbst schon wie die von Folter sein. Wenn man sich aber quasi noch selbst als seinen „Folterknecht" sieht – oder noch schlimmer, den von Nahestehenden (z. B. Kindern oder anderen Verwandten bzw. Partnern), seines oder deren „Unglückes Schmied", kann das sogar noch schlimmer sein. Und (endgültig) in den Wahnsinn bzw. Suizid treiben! Wenn man sich selbst die Schuld gibt, dass man Chancen oder mögliche Hilfen nicht nutzt, die ja schon fast als „himmlisch" oder paradiesisch verkauft werden in Deutschland – zumindest im Vergleich zu ärmsten Ländern.

Es kann ja etwas völlig anderes sein, Leben bzw. vor Suizid retten, wenn man sich positiver sieht (bzw. wenn andere Menschen einen positiver sehen)- zumindest nicht als Versager, Loser, seines „Unglücks Schmied", Folterknecht für sich bzw. andere, zumal nahestehende, Menschen! Als solche sehen sich aber heute viele Opfer z. B. gerade auch von Burn-out - wie eben z. B. im Focus im September 2011 zu lesen. Von Mobbing wohl noch mehr.

Aber selbst wenn man „nichts" könnte oder auf die Reihe bringen würde – was ja bei keinem Mensch der Fall ist! – bzw. wenig wäre trotzdem bzw. gerade dann ja aber aller Ehren wert, dass man überhaupt irgendwie weitermacht, weiterlebt trotz so extrem schwerer Voraussetzungen. Und wenn man z. B. in seinem Job nicht der Beste ist oder nicht so gut ist aber den trotzdem durchhält, vielleicht sogar auch um damit auch andere versorgen zu können – ist das nichts? Ist das nicht eher schon Heldenhaft? Weil man vielleicht auch keinen Job findet, der besser zu einem passt, wo man viel besser arbeiten könnte? Das ist ja aber meistens nicht eigene Schuld ... Oder auch z. B. ein toller Lehrer, der Deutsch und Geschichte studiert hat, da topp ist ... Aus Lehrer- Mangel aber auf einmal etwas unterrichten muss, was er gar nicht kann... Und dann alltäglich vor einer Klasse steht mit etwas, wo man wirklich nicht kompetent ist... Natürlich fühlt man sich da als Versager, ebenso wie bei anderen Tätigkeiten, die nicht „sein“ Ding sind- aber das kann man sich heute eben auch nur noch selten und sehr bedingt aussuchen. Aber dann ist man ja auch kein Versager, sondern wird nur nicht seinen Fähigkeiten entsprechend eingesetzt! Versagt hat dann auch ein System, häufig auch ein Chef, Vorgesetzter, der es nicht schafft die Menschen richtig einzusetzen! „Schlechte“ Teams bzw. Arbeitende wurden nicht selten sogar zu den besten, wenn man jeden einfach einmal besser passend eingesetzt hat, was ja auch natürlich mehr motiviert. Diverse Psychologenverbände weisen ja auch immer wieder darauf hin, wie wenig aussagekräftig z. B. schulische Prüfungen oder auch berufl. Einstellungstests sind – sodass man oft - wenn überhaupt- nur an der falschen Stelle beschäftigt wird, was Burn-out vorprogrammiert ... (oder auch Hänseleien, Mobbing - wenn man dort ggf. wirklich, natürlich viel falsch macht). Und da wo es noch Schwächen gibt müssten dann Förderungen, auch Fortbildungen bereit gestellt werden – statt auch noch nur Vorwürfen! Auch evtl. noch Vorwürfe, dass man sich nicht genug Hilfe sucht- wenn es die ja meistens kaum gibt bzw. die zu finden sehr schwer ist oder oft viel zu lange dauert, auch z. B. im therap. Bereich! Zumal es ja viel mehr psychologische Unterstützung, Supervision auch schon während der Arbeitszeit geben müsste. Denn Probleme dort sind ja natürlich eigentlich kein „Privatvergnügen“, im Gegenteil ...

Auf jeden Fall, wie auch bei Zimbardo (S. 588) völlig zurecht betont wird „Der Diagnostiker sollte stärker als bisher erkennen, dass der Mensch, den er durch eine Diagnose beschreibt (...) in seinem aktuellen Handeln und

Erleben genauso durch die derzeitige Lebenssituation beeinflusst wird wie durch „überdauernde“ Merkmale“ . *Das bedeutet also auch, dass bei anderen, besseren Umständen viel bessere Leistungen möglich sind*, vgl. auch dazu Zimbardo (S. 578 ff.). Das ist ganz, ganz wichtig! Man sollte ja z. B. auch eigentlich Prüfungen in Schule, Ausbildung, Beruf usw. nicht dazu nutzen, um Menschen „abzuurteilen“ (bzw. „auszusortieren“). Sondern um zu schauen, wo man ihnen helfen kann sich (noch) weiter zu verbessern, ihre Stärken herauszufinden ... Wie die Realität heute hingegen aussieht ist ja hinlänglich bekannt ...

Zumal heute Menschen fast immer zu wenig bzw. zu schlecht gefördert werden. Und auch zusätzlich noch Talente untergehen in viel zu großem Stress in Schule, Beruf, Alltag usw. Alltäglicher Stress (oder auch empfundene Sinnlosigkeit, zu wenig Anerkennung oder Selbstverwirklichungs-Möglichkeit) bei der Arbeit oder wo auch immer, was alleine zeitlich das Leben, wie es einem geht, sehr prägt, kann zudem– auch erwiesenermaßen – wirklich wie Folter sein! Und selbst bei Opfern echter Folter gibt es Untersuchungen (auch z. B. bei Ben Furmans Buch, Untersuchung "es ist nie zu spät eine glückliche Kindheit zu haben" ausgeführt – wo er auch belegt, dass auch aus Menschen mit schwerer Vergangenheit auf jeden Fall noch etwas „werden kann“), dass für diese entscheidend ist wie sie und ihnen wichtige Menschen bzw. auch die Gesellschaft sich sehen. Jemand der sich z. B. als Widerstandskämpfer oder Märtyrer sieht, so gesehen wird, kann in der Tat fast immer zugefügtes Leid –natürlich- besser verarbeiten. Auch aus meiner Arbeit mit Menschen, die das erleiden mussten kann ich das bestätigen. Wird aber Leid und auch Leistungen, Schlimmes – zumal sich für andere, z. B. Familie, aufopfernd - zu überstehen, z. B. Jobs (bzw. deshalb z. B. Burn-out zu bekommen) gar nicht mehr gesehen und gewürdigt kann das sogar natürlich noch schlimmer sein als das so brutal Erlittene selbst!

Und auch ob man sich als Versager sieht oder als jemand, der sich z. B. für die Familie aufopfert (s. oben) in einem Job, der vielleicht für einen auch die „Hölle“ bzw. nahezu folternd sein kann ist mit wenigstens entsprechender Anerkennung von den anderen dafür etwas (ganz) anderes, als wenn man diese nicht bekommt! Und das Aller- Schlimmste, was viele Menschen schon in den Suizid führte, ist natürlich wenn man sogar noch Vorwürfe dafür bekommt, sein sich aufopfern - ggf. bis hin zu dass man zu wenig (!) leistet oder schlecht arbeitet, verdient... Oder aus Frust bzw. Leid dann z. B. zu viel isst ... Ständig k. o., nicht so gut drauf ist ... Sich auch noch dafür rechtfertigen soll. Obwohl man natürlich gerne einen, verdientermaßen, besser bezahlten und passenden Job hätte- wo man auch mehr leisten und verdienen könnte, mit weniger Stress und auch mehr Zeit und Geld für gesündere Ernährung, Familie usw. Ähnliches gilt natürlich wenn z. B. ein Partner für die Familie zuhause bleibt, evtl. sogar Job aufgibt und das dann nicht richtig anerkannt bekommt (bzw. das so empfindet) - und dann auch noch ständig nur Vorwürfe bekommt, wenn zuhause irgendetwas nicht perfekt läuft im Haushalt, mit Kindern, was auch immer ... Was ja aber auch sehr schwer ist.

Sicher kann Jeder in jedem Bereich etwas noch besser machen. Damit man entsprechende Kritiken, Verbesserungsvorschläge – ja auch gut gemeint möglich – annehmen kann muss vorher, immer aber ganz klar sein, dass das keine grundsätzlichen Vorwürfe sind – also alles, das Ganze bzw. den ganzen Menschen betreffend (sondern nur ein spezielles, konkretes, einzelnes Verhalten oder Einstellung). Dass man diesen, seine Leistungen, positive Eigenschaften, Leiden usw. also sonst auch anerkennt. Mangelnde Wertschätzung ist ein Hauptgrund für Burn-out. Mehr Wertschätzung kann aber auch dann – und gegen Mobbing - sehr heilsam sein... Auch im hier beschriebenen Sinn.

Und ich schätze auch ehrenwerte Menschen wirklich sehr. Und bin immer wieder fasziniert davon, wie viele es heute noch davon gibt in der Bevölkerung – trotz ja wenig guter Vorbilder z. B. unter führenden Politikern, Managern ... Und wenig herzlichen und sozialen (kapitalistischen) „Ellbogengesellschaft-Stukturen". Allerdings treffe ich die meisten davon eben in meinen psychologischen Beratungen. Weil die Ehrenwerten auch selbstkritisch sind (wozu eben auch „sich *schämen*" gehören kann – *das kennen ehrlose Menschen ja gar nicht. Auch Scham ist also letztlich ja ein Zeichen ehrenhafter Menschen*), Schuld und Verantwortung bei sich suchen, nicht aus der Verantwortung stehlen wollen ... Eigentlich ja auch aller Ehren wert!

Nur oft wird das leider übertrieben, weil dann nur oder viel zu sehr die Schuld, Verantwortung bei, „in *sich*" gesucht wird, obwohl wie schon ausgeführt Probleme eher an Umständen oder auch anderen Menschen – denen, die aber leider fast nie an sich arbeiten – liegen. Ja: „Das Schlimme an dieser Welt ist, dass die Dummen so selbstsicher sind und die Gescheiten so voller Zweifel" (Bertrand Russel).

Würden mehr Menschen so an sich zweifeln wäre es ja o. k. Tun es aber so wenige – und dann fast immer noch eigentlich (eher) die Falschen - ist das natürlich unangemessen bzw. überzogen.

Meistens kommen dann wirklich nur die Opfer von z. B. Mobbing oder Ausnutzung, was zum Burn-out führt ... Und die Ehrenwerten, die in

Beratung kommen, möchten dann „auch gar nicht über Schuld reden" oder „Vorwürfe machen" (bei Paaren auch nicht dem anderen Partner gegenüber). Das hört sich auch gut, ehrenwert an und ist es sicher zu großen Teilen auch. Nur kann man in unguten Zeiten oder Situationen manchmal ja leider auch nur begrenzt immer und gänzlich „edel und gut" bleiben - so wie es etwa sinngemäß Brecht in seinem Gedicht „an die Nachgeborenen" bzw. in „der gute Mensch von Sezuan" vermittelt hat. Sanftmut, Harmonie, Güte ... Alles an und sich natürlich schön und zu Recht haben wohl nahezu alle Menschen, natürlich, Sehnsüchte danach – und wird das heute viel zu oft als negativ abgetan (als „Harmonie süchtig" und dergl. Ist Harmonie schlimm? Dissharmonie gut, besser? Oh No ... Auch wenn es natürlich auch konstruktiven Streit gibt. Aber auch destruktiven, auch Gewalt!).

Nur wenn man z. B. Opfer von Mobbing wird oder Burn-out bekommt weil man von Kollegen, Mitschülern, Chefs oder sogar einem Pädagogen oder „Freund", Partner, Verwandten ausgenutzt bzw. geschädigt, verletzt wird ist natürlich sehr gefährlich, wenn man darauf zu nett und freundlich, noch irgendwie verständnisvoll reagiert! Das kann Menschen wirklich körperlich und psychisch vernichten! Passen Sie da bitte sehr gut auf. Um Gewalt – und das ist auch „nur" psychische, das ist oft sogar noch schlimmer – zu beenden bedarf es manchmal auch mehr als bitten, beten, hoffen. Das wissen wir ja gerade in Deutschland nur zu gut. Ohne, auch wirklich massive und Gewalt beinhaltende, Gegenwehr (auch der alliierten Streitkräfte) wäre ja wahrscheinlich noch heute Hitler bzw. dessen Nachfolger an der Macht. Und auch sonst ist die Hoffnung, dass wirklich fiese Menschen, die andere terrorisieren, ausnutzen, ausbeuten und dergleichen damit von alleine oder zur Vernunft gekommen aufhören

meistens vergeblich. Gegen solche üblen Machenschaften, Umstände, Strukturen, Menschen hilft (leider) auch nicht nur alleine „Hoffen und Beten“ – wie es auch schon der Menschenrechtler (und Theologe) M. L. King ausdrückte:„ Kein Problem wird gelöst, wenn wir träge darauf warten, dass Gott allein sich darum kümmert“.
Zumindest sollte man sich vorsorglich immer möglichst bald nach möglicher Unterstützung umsehen, bevor es zu spät ist.

Und auch wenn *diese* Menschen, Täter eigentlich dumme, schlechte, schwache Menschen sind charakterlich und sonst kaum etwas gut können – andere ärgern, bloß stellen, fies sein, ausnutzen bzw. ausbeuten können sie gut. Auf so etwas Niederträchtiges muss man natürlich keineswegs neidisch sein. Aber anerkennen, dass diese Menschen in dieser Beziehung meistens überlegen, „kompetenter“ sind. Sonst unterschätzt man die und deren Macht- zumal das oft Menschen sind mit Macht durch ihre Position bzw. Kontakten dazu - und kann sich so auch nicht genug verteidigen, Hilfsbedarf erkennen! In diesen Belangen sind die auch Menschen überlegen, die ansonsten viel besser, intelligenter, kompetenter, stärker sind – aber eben, eigentlich ja glücklicherweise – in negativen, fiesen Belangen nicht so „kompetent“ und gewieft sind. Das ist wirklich wichtig zu erkennen, um sich genug Hilfe holen zu können, z. B. psychologische, ärztliche und ggf. auch eines Personal- oder Betriebsrates, Vertrauenslehrers usw. bzw. Anwaltes bei Burn-out und ggf. zusätzlich, bei Mobbing, durch die Polizei bzw. entsprechende Behörden.

Denn ja: Every rose has it s dorn. „Dornen“, Macken ... hat jeder Mensch, auch die oder der beste, stärkste. Manchmal nervig für andere Menschen ... Die aber eben ja auch ihre Macken haben, Eigenschaften, die auch manchmal andere nerven ... Oft sind es ja aber auch noch irgendwo liebenswerte Macken ... Zumindest manche Menschen mögen einen vielleicht gerade dafür. In manchen Situationen sind die auch sehr hilfreich. Manchmal machen die ja auch gerade einen Menschen, auch gute, mit aus ... Oder sind halt Kehrseiten positiver Eigenschaften (die oft ganz hilfreich und stark sind, manchmal aber auch etwas nicht optimale Auswirkungen haben in bestimmten Situationen, woran man vielleicht auch etwas arbeiten sollte). Oft machen „Ecken und Kanten" aber Menschen gerade auch (positiv) aus. „Dornen" machen also, sinngemäß, noch lange nicht zum „Kaktus", sondern können auch durchaus gerade „Rosen", super-tollen und auch herzlichen Menschen gehören ... Wenn man etwas oder sogar Vieles nicht so gut kann und macht – wie *jeder* andere Mensch auf unzähligen Gebieten auch – ist man noch lange kein schlechter Mensch! Und wenn man von anderen Menschen also „gepiekst" wird oder die einem etwas komisch erscheinen – vielleicht ja auch als „Sonderling" - lohnt sich sehr, sehr oft da etwas länger hinter die Fassade zu schauen, bis man erkennt was das eigentlich („trotzdem") für ein toller, guter Mensch ist (bzw. auch warum der so ist, wurde). Gerade in einer wenig guten, herzlichen Zeit sind „Außenseiter" bzw. „Sonderlinge" ja sogar oft die besten, herzlichsten, interessantesten, ggf. auch aufrichtigsten, nicht heuchlerischen, innovativsten usw. Menschen. In der Tat kann also oft sehr hilfreich sein, vorsichtig zu sein mit Vorwürfen, (Vor-) Verurteilungen, Vorurteilen bzw. Schuld-Zuweisungen.

Aber manchmal muss man eben auch erkennen, dass sich hinter „Dornen" – bzw. auch nur schönen, gut klingenden Worten oder auch Titeln - doch auch dann nicht Schönes, Gutes verbirgt sondern diese wirklich einem „Kaktus“ gehören, den man möglichst meiden sollte.

Zudem gilt auch in der Tat “Ein Mensch, der mit zwei Zungen spricht den bitt ich dich zu meiden. Er rückt das Recht ins falsche Licht - um sich daran zu weiden“ (G. zu Solms- Witt). Ebenso wie „Der Sieger hat viele Freunde. Der Besiegte hat gute Freunde!“ (Volksweisheit). Man sollte auch immer gut schauen, ob so „gute Freunde“ bzw. Kollegen, Nachbarn, Chefs oder auch Mitschüler, Pädagogen, Therapeuten usw. das auch wirklich sind (bzw. auch freundlich, höflich klingende Menschen – für die aber vielleicht doch auch gelten könnte „Höflichkeit ist die sicherste Form der Verachtung“ (H. Böll). Und auch Menschen, die sehr viel von Fairness reden müssen das nicht unbedingt wirklich im Sinn haben – bzw. nur „zu ihren Gunsten“. Denn in der Tat gilt leider für viele Menschen: „Das Ideal der Gleichheit ist deshalb so schwer, weil die Menschen Gleichheit nur mit jenen wünschen, die über ihnen stehen“ (J. Priestley)
Und bei nur gut erscheinenden aber tatsächlich (eher) schlechten Menschen, „Kakteen“, wenn der oder die einem zu nahe kommt oder verletzt, ausnutzt, quält sich bitte auch wehren! Meistens auch mit nötiger Unterstützung dafür, s. oben – z. B. im Falle von Mobbing oder Ausnutzung, Ausbeutung im Beruf oder auch in der Freundschaft, Partnerschaft usw. Zu „gnädig“, verständnisvoll zu sein oder zu wenig die „Schuldfrage“ zu stellen kann hier wirklich fatal sein. Da ist auch egal, ob der Täter auch Probleme oder eine schwere Kindheit hatte oder was auch immer. Man darf einfach keinen anderen Menschen ausnutzen, ausbeuten oder Mobbing betreiben, quälen, missbrauchen usw. Das hat natürlich auch kein Mensch verdient! Und wenn das der Andere aus seiner Sicht „muss“ weil er eine schlechte Kindheit oder was auch immer hatte muss *der* daran arbeiten – und nicht andere bzw. andere darunter leiden! Wer

daran dann arbeiten will kann auch natürlich Unterstützung brauchen, die man auch geben muss. Aber dann auch hauptsächlich von professionellen Helfern.

Das ist wirklich auch vielleicht recht lapidar klingend. Aber es ist wirklich fast unglaublich, wie selbst – oder gerade – heute in Deutschland mit Opfern von Mobbing, Burn-out, Gewalt umgegangen wird. Da kommen diese Opfer, selbst z. B. von Vergewaltigungen (z. B. auch in der Ehe) oder eben auch von Mobbing, Burn-out in psychologische Beratung. Die Vergewaltigung, Mobbing oder Ursachen von Burn-out – z. B. wirklich Ausbeutung durch den Chef oder Partner– eigentlich sonnenklar und unbestritten. Auch das extreme Leid daraus. Man denkt dann, dass diese Menschen also natürlich „nur" Unterstützung dabei brauchen mit dem Leid weitest möglichst umzugehen, das zu „verarbeiten", etwas zu ändern. Doch, meistens, weit gefehlt: Fast immer (!) ist wirklich das Haupt-Problem, dass diese Menschen quasi zu zumindest Mit-Schuldigen (!) gemacht werden, zu Mit-Tätern. Völlig irrsinnig. Was natürlich für die „Seele" von Opfern brutaler körperlicher oder seelischer Gewalt, Ausbeutung usw. der finale „Todesstoß" sein kann, wirklich Menschen endgültig vernichten, in den Suizid treiben kann. Oder schleichende Selbst-Tötung – z. B. durch zu viel Alkohol oder andere Drogen. Wenn übelste Taten, Täter, nicht ganz klar – zumindest moralisch – verurteilt werden. Stattdessen aber sogar oft noch Verwandte, Freunde, Nachbarn, Pädagogen, Therapeuten, Polizisten, Richter, Ämter usw. zwar – wenn überhaupt - verständnisvolle Worte sagen und etwas helfen – aber letztlich die Opfer sogar noch irgendwo mit verantwortlich machen! Im Sinne von „Na ja, vielleicht war Ihr, dein Rock doch auch etwas zu kurz, aufreizend" zu einer vergewaltigten Frau (bzw., wenn das in einer Ehe oder Beziehung passiert, „na ja, du hast dir den Partner doch auch selbst ausgesucht“ – obwohl ja auch selbst kein Therapeut oder Richter der Welt immer Menschen vorab richtig einschätzen kann). Oder „du hast dir den Job ja auch ausgesucht“ – obwohl man kaum eine Wahl hatte und völlig ausgebeutet wird. Sie können nicht glauben, dass es so etwas, selbst im „ach so fortschrittlichen“, aufgeklärten (?) Deutschland noch gibt – oder denken, dass das halt nur große, bedauerliche Ausnahmen sind? Oh nein, nein, nein, leider nein.

Da streiten Opfer brutaler Unfälle oder Überfälle, Missbräuche, Ausbeutungen, Betrügereien, Intrigen usw. mit den – absolut unbestrittenen, ganz klaren und offensichtlichen, alleine schuldigen – Tätern bzw. „ihren“ Versicherungen vor Gericht Jahre lang, um – wenn überhaupt - endlich ihnen zustehende und dringend benötigte Anerkennung oder auch Recht, Schutz, Unterstützung, Gelder zu bekommen, auch wegen Arbeitsunfähigkeit. Und müssen sich vom gegnerischen Anwalt aber auch manchmal Richter (oder auch dem Vertreter „ihrer“ Versicherung) sonst noch etwas anhören, was sie ja doch auch beigetragen hätten ... Völlig pervers. So z. B. im Prozess, über den „Stern TV“ (am 4.4. 2012) berichtete - eines jungen Mannes, der völlig unschuldig und schuldlos in einer Berliner U-Bahn-Station tot geprügelt wurde. Weil er da halt gerade zufällig rumstand und die zwei betrunkenen Täter Lust hatten auf irgendjemanden einzuprügeln ... Die wurden dann wegen „Totschlag“ verurteilt. Nicht Mord, der dazu nötige „Vorsatz“ fehlte angeblich – obwohl sie ja ganz klar bewusst auf ihn zugingen, niederträchtig ... Aber sie waren ja betrunken, wahrscheinlich hatten sie auch eine schwere Kindheit, das „muss“ man ja berücksichtigen (?) als Richter ... Sicher ... Und Vergewaltiger werden nicht richtig verurteilt, weil das Opfer einen kurzen Rock anhatte ? Ich dachte früher auch, dass es so etwas nur noch auf RTL und dergleichen gibt, das Ausnahmen sind. Dann dachte ich, dass ich halt viele solche Fälle kenne weil ich psycholog. Beratung bzw. Therapie anbiete. Aber nach Dutzenden, Hunderten solcher Geschichten: Nein. Es sind nicht nur „große Ausnahmen“ - gerade auch in Deutschland nicht! Das ist das, das hat *System* (auch z. B. bei Versicherungen, wie z. B. auch in einer ARD-Dokumentation im August 2012 zu sehen, „Die Nein-Sager – Die Macht der Versicherungskonzerne“). Der o. g. Richter sagte dann auch noch in seiner Urteils-Begründung als mildernden Umstand für die Täter, dass das Opfer ja auch „unüblich weggelaufen“ wäre, vom Tempo her. Das berichtete der Bruder des Opfers, auch nachweislich ... Ich bin ein recht friedliebender Mensch. Ich glaube man hätte mich in dem Moment aber wirklich davon abhalten müssen, dass ich als Bruder nicht auf den Richter losgegangen wäre ... Und solche oder ähnliche Sachen passieren wirklich alltäglich, auch noch „im Namen des Volkes“ (manchmal auch in ähnlicher Form auf Ämtern, Behörden, ...). Also in meinem Namen und der ganz großer Mehrheit aller Deutschen ganz, ganz sicher nicht! Zumal das so ja auch nicht andere potenzielle Täter abschreckt- also künftige Opfer vermeidet. Und viele Menschen, die in solchen Situation geholfen haben wurden dann ja noch selbst Opfer von Verbrechen mit dann auch vielen Problemen, zu wenig Unterstützung usw.- was natürlich auch zunehmend Bereitschaft zur „Zivilcourage“ erschwert mit wiederum brutalen gesellschaftl. Folgen.

Und dann wird wieder von Richtern, Politikern mangelnde „Zivilcourage“ der Bürger beklagt (ver-rückte Welt!). Ja, aber warum denn? Wegen solch unsinnigen Entscheidungen, „Recht“, Politik!

Und je mehr und umso mehr wirklich krasse, fast unglaubliche – aber nachweislich wahre – Geschichten Sie hören, lesen, sehen umso fassungsloser wird man. Ich warte wirklich darauf, dass einmal ein führender deutscher Politiker auf einem Gedenktag in Auschwitz oder dergleichen eine Rede „im Namen des deutschen Volkes" hält wo er Juden sagt „echt dumm gelaufen was da mit eueren Vorfahren passiert ist. Aber na ja, Hitler hatte ja auch eine schwere Kindheit und ein jüdischer Lehrer soll ihn ja auch mal geärgert haben... Also ein bisschen habt ihr Juden also ja doch auch schon mit Schuld am Holocaust". Unterm Strich also auch selbst schuld? Der Vergleich mag etwas hinken aber doch erlaubt sein – denn die Auswirkungen auf die Seele der Opfer bzw. Angehörigen bei Urteilen wie dem oben oder auch „der Rock war ja auch zu kurz" usw. sind sicher sehr vergleichbar. Denn natürlich ist völlig egal wie kurz der Rock war oder wie schnell oder langsam das Opfer weg rennt, Täter betrunken war - das rechtfertigt doch nie und nimmer die Tat bzw. darf die Strafe dafür „mildern"! So etwas schreckt ja auch nicht ab ... Und trotz klarster Beweise- z. B. sogar Videoaufnahmen- geleugnete Verbrechen oder z. B. auch fatale Fehler– z. B. auch von Ärzten – von z. B. Versicherungen aber auch anderen Stellen können natürlich auch „verrückt" bzw. depressiv machen, nicht „nur" wegen üblen materiellen Folgen für die Opfer. Sondern auch da die Wahrheit da eben so ver-rückt wird ... Unfassbar, traurig aber wahr!

Ein Bekannter erzählte mir einmal, wie er früher in der DDR erlebte, dass dort die Wahrheit oft ähnlich offensichtlich und schäbig verbogen wurde wie etwa im Buch bzw. Film „1984" – z. B. in der Folterszene dort. Als 5 Finger gezeigt wurden, man auf die Frage wie viele man sieht aber „4" sagen sollte- als krasse Form bzw. Demonstration eben, wer bestimmt was „wahr" sein soll (eben nicht die Wahrheit, sondern die „Autorität" der

Macht Innehabenden). Aber bei unzähligen Geschichten- die oben nur als Beispiele für noch wirklich unzählige mehr, teilweise auch noch brutalere- auch im wiedervereinigten Deutschland muss ich auch oft an diese Szene denken ... Zumal wenn völlig pervers auch noch Opfer zu Tätern gemacht werden ... Und *wirkliche* Täter ja sogar auch noch schnell (wieder) an die Macht kommen, sogar an Gerichten – nicht zuletzt auch in Deutschland, wie nach 1945 bzw. nach der sogen. „Wende“1989/90 (vgl. dazu z.B. Wesels „Aufklärungen über Recht“).

Und solche Vorkommnisse sind ja leider auch keine Zufälle, sondern haben auch strukturelle Ursachen- z. B. durch sehr mangelhafte juristische (vgl. auch hierzu z. B. Wesel) oder auch psychologische (vgl. z. B. Degen) Ansätze bzw. Gesetze, Theorien, Praktiken, Umstände, „Rechtsprechungen“ usw.

Und das betrifft wirklich, alleine schon in Deutschland, Millionen Menschen! Z. B. auch die Millionen Opfer von Mobbing und Burn-out. Wo auch oft -wenn überhaupt- die Opfer davon sogar auch noch büßen müssen. Die Täter bekommen vielleicht – wenn überhaupt - einen Rüffel. Faktisch „büßen“, leiden – außer den eh schon brutalen körperlichen, sozialen und psychischen Folgen! – müssen in der Konsequenz aber auch meistens noch die Opfer! Unfassbar ... Da muss das Mobbing – Opfer z. B. die Schule wechseln oder die Arbeits-Stelle (oder wird sogar krank, arbeitsunfähig oder arbeitslos) mit oft noch sehr unschönen weiteren Folgen. Der „mobbende“ bzw. ausnutzende Mitschüler, Kollege oder Vorgesetzte, Chef – oder Vorgesetzte, Chef, Schulleiter usw., der das zu sehr geduldet hat bzw. zu wenig geschützt hat – bleibt aber meistens, kommt oft mit einem blauen Auge davon. Oder mit noch weniger ... Die machen dann sogar mit der Zeit noch große Karriere, gelten als „ehrenwerte Bürger".

Als vielleicht noch größten Hohn und Spott für die Opfer bzw. deren Seelen. Ebenso wie etwa für Opfer des Nationalsozialismus oder des Honecker-Regimes, wenn viele dort Verantwortliche in der Bundesrepublik bald (wieder) sogar in führende Positionen kamen.

Die Opfer haben aber oft größte Probleme, Leid, geraten in große – oft dann auch noch gesundheitliche, finanzielle - Not mit daraus weiteren großen Problemen (oft auch noch deren Partner, Familie ...). Bekommen viel zu wenig Unterstützung. Ebenso wenn in einem, auch großen, Unternehmen unzählige Menschen in den Burn-out getrieben werden mit o. g. brutalen Folgen ... Wie oft, besser gesagt wie selten wird dafür das Unternehmen, Unternehmer in die Verantwortung genommen, muss z. B. Schadensersatz, Schmerzensgeld usw. zahlen, auch für betroffene Partner und ggf. Kinder (und auch an den schlechten Bedingungen, Arbeitsschutz usw. etwas ändern)?

Die dann vielleicht auch auf der Straße landen, Drogen- oder andere Probleme bekommen ... Und nur noch als „asozial" oder dergleichen gelten ... Aber asozial bedeutet ja nicht, dass man z. B. reich oder arm ist – sondern bezeichnet ein *Verhalten* (asozial im Sinn von nicht sozial, nicht gerecht, fair, nicht menschlich, nicht ethisch bzw. moralisch o. k.)! Aber natürlich nicht wenn man unverschuldet in Not geraten ist! Und wie eben ein Manager in einer ARD-Dokumentation („das Leben der Anderen") letztes Jahr sagte, der einmal eine Woche solche Menschen besuchte: „da ist „immer was passiert" an irgendwelchen Schicksalsschlägen ... Und meistens ja nicht nur wegen „Schicksal" sondern wirklich schlimmen Umständen bzw. Menschen, die aber fast nie geändert bzw. bestraft werden, fast immer zahlen sogar *die Opfer davon auch noch den Preis dafür ... Müssen dafür auch noch faktisch – als ja eigentlich Geschädigte, Opfer! - büßen, für die Schuld und Tat der anderen!* Bzw. sie kriegen auch noch Vorwürfe dafür, dass sie leiden mussten (und Schmerz, Leid dann z. B. mit Drogen oder auch „Frustessen", „Kummerspeck" usw. bekämpfen mussten) statt wenigstens einmal Mitgefühl, Verständnis, Unterstützung! Oder wenn Menschen arm sind – auch nach Untersuchungen von deutschen Schuldnerberatungsstellen auch zu mindestens 90 % nicht „selbst verschuldet" sondern wegen Arbeitslosigkeit, zu niedrigem Einkommen, Krankheiten und dergleichen – und sich bzw. deren Familie deshalb z. B. keine tollen Klamotten leisten können - und deshalb gehänselt werden. Auch wenn die Träger von „coolen Klamotten" ja oft eher die sind, denen es an etwas fehlt – z. B. an echter Wertschätzung in ihrer Familie, was sie kompensieren müssen (also sind die eigentlich eher „arm dran" bzw. schwach, wenn sie eigene Probleme an anderen Menschen auslassen – auch wenn natürlich nicht jeder Träger von Markenkleidung ein schlechter Mensch ist). Und auch wenn man Menschen vorwirft, dass sie dumm sind, etwas nicht können, ggf. auch „Assis" sind bzw. aus „Assi- Familien stammen": Außer dass alleine so etwas zu sagen auch wieder armselig und beschämend ist *für die, die das sagen* ist ja spätestens eben seit „PISA- Studien" bekannt, dass gerade in Deutschland die Herkunft besonders darüber entscheidet, welche Chancen man bezüglich guter Bildung hat (und damit auch oft bezüglich Zukunft generell). Also wird auch Armut weitergegeben, da die Zukunfts-Chancen von Kindern aus der „unteren" (und „Mittel-„) Schicht i.d.R. schlechter sind als die aus „höheren" – aber nicht aus persönlichen, sondern strukturellen (gesellschaftlichen) Schwächen! Anstatt sich über Herkunft und solchen Folgen lustig zu machen sollte natürlich auch mehr daran gearbeitet werden, dass Menschen jeglicher Herkunft auch mehr Chancen haben, dann auch bessere Leistungen bringen bzw. bessere Lebensbedingungen, gute Kleidung, Ernährung usw. haben können! Dass Herkunft so entscheidend ist ist ja auch gerade in Deutschland nach dessen Vergangenheit sehr beschämend. Und es ist immer besonders schlimm, für Menschen, wenn ihr Leid nicht gewürdigt wird bzw. wer die Opfer sind, zumal die Taten und Täter auch schnell in Vergessenheit geraten... Das gilt nicht nur (aber auch gerade) für Opfer von Mobbing und ähnlichen Quälereien, Diskriminierungen, Verbrechen. Neulich sagte z. B. auch, bei G. Jauch in der ARD, ein Enkel eines Mannes, der in einem deutschen KZ umkam, dass der Verlust seines Opas natürlich schon viel mehr als genug schmerzte. Das Schlimmste für ihn sei aber, dass sein Sohn kaum noch etwas in Schulbüchern liest über das was da „früher" einmal passierte. Für ihn ist das aber gar nicht so lange her bzw. immer noch sehr präsent. „Tot ist nur wer vergessen wird". Ja. Nur dann darf ja nicht einfach so – auch relativ schnell – vergessen werden, was Menschen angetan wurde. Weder durch faschistische Gewalt noch durch andere, auch psychische bzw. seelische, auch brutale Gewalt, Folter ähnlich - z. B. durch Mobbing oder ausgenutzt werden - die auch extrem brutal sein kann und auch schon viele Menschen in den Tod trieb. Bzw. wenn das Leid bzw. Opfer bzw. die Taten gar nicht richtig (an)erkannt werden bzw. das sehr schnell vergessen wird kann das ja sogar auch erst in den Tod, Suizid - auch „schleichend", z. B. durch Drogen - führen! Auch Angehörige- auch Kinder, selbst Enkel. Wenn das auch nie richtig verurteilt wurde – und so auch kaum, auch psychologisch, aufgearbeitet werden konnte. Dann ggf. auch traumatisch wird und Folgen – auch finanziell - manchmal Familien über Generationen hinweg belasten, schädigen können!

Es gibt ja auch viele gute, auch vorbeugende, pädagogische u.a. Maßnahmen gegen z. B. Mobbing. Wo in Schulklassen z. B. alle Schüler einmal in die Rolle von Mobbing-Opfern schlüpfen - und dadurch erkennen, dass das eben alles andere wie nur "n Spruch" oder gar Spaß ist... Jede Schule – und auch jedes Unternehmen usw. - kann in ihr Programm schreiben "bei uns hat Diskriminierung, Mobbing und dergleichen keine Chance" und Täter ganz klar abstrafen, auch abschreckend für andere... Das kostet nicht einmal wirklich Geld. Und auch sonst werden sogar schon vorhandene Gesetze zu wenig genutzt. Warum wird das dann nicht einfach getan? Es gibt vielleicht etwas Erklärungen dafür aber absolut keine wirklichen Entschuldigungen! Es ist *höchste* Eisenbahn, Zeit dafür! Oder wie viele Millionen Opfer soll es noch geben? Zumal jedes Einzelne ja schon eines zu viel ist!

Und „Wenn nicht jetzt, wann dann?“. Sonst kann es auch immer zu spät sein, zumindest für das Leben, die Zukunft eines Menschen. Und das ist *immer eines zu viel – zumal wenn man es verhindern kann*! Zumal es ja auch sogar zig *Millionen* Menschen, Familien betrifft ...

VIII. Und nochmals: Schuld sind immer die Opfer? Natürlich nicht! Aber was ist mit den Tätern, schlechten und ungerechten Menschen, Umständen? Etwas dagegen zu tun – und für die Opfer- ist möglich!

Das „Schuld" –Thema ist wirklich auch generell ein besonders in Deutschland wichtiges, besonderes – bzw. verheerendes. Wie bereits zuvor etwas angeführt. Und obwohl z. B. diverse, unbestrittene offizielle Untersuchungen z. B. unter Schuldenberatungsstellen ganz klar auch belegen, dass über 90 % der überschuldeten Deutschen das nicht wegen „persönlicher Schuld" sind sondern auch weil da „etwas passierte" (unverschuldete Krankheit, Arbeitslosigkeit, zu geringes Einkommen und dergleichen) wird auch hier diesen Opfern doch noch irgendwo die Schuld zugesprochen. Es gäbe ja doch auch faule Arbeitslose, doch Leute die mal blau machen ... Ja. Aber unter den zig Millionen Arbeitslosen, zu gering Verdienenden und von Burn-out-Betroffenen sind natürlich auch zu 90% oder viel mehr nicht-faule Menschen, Nicht- Blaumacher (zumal die echten „Blaumacher" ja eher sogar noch auf Kosten anderer leben, diese ausnutzen bzw. sogar Mobbing betreiben, bis hin zu Folgen wie Arbeitslosigkeit für die Opfer). Sondern Opfer der, siehe oben, Menschen oft total überfordernden Bedingungen heute im Arbeits-und sonstigen Alltag. Bzw. Menschen, die gerne arbeiten würden. Aber für Unternehmer ist es halt profitabler, aus weniger „Arbeitnehmern" mehr Leistung herauszupressen mit zu geringen Gehältern und Löhnen – die auch das Leben erschweren, großen Stress verursachen. Statt mehr Leute einzustellen, so dass alle weniger Stress haben und mehr Leute Arbeit ... Trotzdem könnten alle mehr verdienen ...

Bis auf ein paar wenige (Unternehmer). Selbst wenn man diese angeblich „soziale“ (?) Marktwirtschaft, dieses kapitalistische System, gut finden mag – was ja glücklicherweise bzw. zwangsläufig weltweit immer weniger Menschen tun – *das* ist derzeit die Realität. *Das* sind Ursachen für zig Millionen Menschen „ausbrennende“ Umstände. Mit Menschlichkeit, Sittlichkeit hat das sicher oft herzlich wenig zu tun. Aber es ist ja nur noch Hohn und Spott, auch hier noch die (Burn-out)- Opfer zum Mit-Verantwortlichen zu machen... Die, bzw. auch deren Beziehungen und Familien, darunter leiden. Auch mit zu wenig Geld für gesunde Ernährung usw., wofür die Schuld dann auch noch den Falschen gegeben wird, s. oben ... Inkl. Hänseleien, Mobbing für sie.

Und da ist Deutschland selbst im Vergleich „kapitalistischer Länder“ noch besonders tief gesunken. Geht es auch in anderen, auch „kapitalistischen“, Ländern anders! Selbst in England, eher ja für besonders berüchtigten („Manchester“-) Kapitalismus in der Historie bekannt auftretend, werden beispielsweise *Schuld*en nicht so mit „Schuld“ verknüpft. Auch rein begrifflich nicht. Sondern Schulden – zurecht- als etwas, das passieren kann, selbst schlauesten Menschen, zumal unter unglücklichen oder üblen Umständen (s. oben). Das ist wirklich auch ganz wichtig, denn in ganz vielen Beziehungen und Familien gibt es nicht „nur“ große finanzielle und damit weitere massive Probleme. Sondern eben auch noch Vorwürfe von außen bzw. an sich selbst oder untereinander „selbst schuld“! Das ist man aber in über 90% aller Fälle nicht, s. oben. Das ist auch ganz, ganz wichtig zu erkennen. Denn auch hier sind Vorwürfe bzw. Selbst-Vorwürfe, Vorurteile -zumal unnötige und ungerechtfertigte, oft noch das Aller-

Schlimmste (bzw. ist auch ganz wichtig diese zu nehmen, denn wirklich: „Gesegnet sind die, die uns vor der Selbstverachtung heilen. Unter all den Diensten am Menschen kenne ich keinen kostbareren“ (W. White). Denn sie können Menschen und Familien, Beziehungen, auch Freundschaften, sogar noch am aller-meisten zerstören- manchmal wirklich final. Und auch hier verhindert dieses – falsche, auch wenn man vielleicht mal etwas falsch machte, nochmals: Nobody is perfect –„selbst schuld“ Denken oft, dass man sich – verdientermaßen! – nötige Hilfe und Unterstützung sucht (Möglichkeiten hierfür sind auch in der Anlage zu finden oder auch im Internet, es gibt an fast allen Orten auch kostenlose psychologische und Schuldnerberatungsstellen, auch im Internet, auch mit anonymer und schriftl. oder telef. Beratung). Und auch hier muss man sich seiner Stärken, guten Seiten und Absichten, Bemühen bewusst sein- damit man mit Unterstützung auch Lösungen finden und durchsetzen kann, was ja aber doch mit –„selbst schuld“ bzw. „ich kanns nicht besser, das zeigt doch die Vergangenheit“ – Denken kaum geht.

In der Vergangenheit hatte man aber ja auch vielleicht keine Beratung (oder, noch schlimmer, schlechte) bzw. Förderung, Unterstützung.

Vielleicht sogar bei einem schlechten psychologischen bzw. Finanz- oder sogar Schuldenberater, die sonst noch etwas versprechen aber sich letztlich nur selbst bereichern wollen. Oder Betroffenen „Schuld“ geben, Vorwürfe machen – zu Unrecht. Ich kenne einen Berater bei einer anerkannten Schuldnerberatungsstelle, der sich viel mehr auch über solche Berater aufregt und denen Vorwürfe macht. Bzw. auch z. B. Banken, die sich an der Not bzw. Verschuldung, Verarmung (inkl. unzureichender Ernährung, Bekleidung usw.) unzähliger Menschen auch noch bereichern. „Was ist schlimmer: Ein Raub in einer Bank – oder der Besitz einer

Bank“ fragte sich ja, sinngemäß, zurecht nicht nur z. B. Brecht. Und in heutigen stressigen Zeiten, auch Zeiten der immensen Macht internationaler Banken bzw. Finanzkapitals, mit auch oft einfach viel zu wenig Geld für die Mehrheit der Bevölkerung – selbst wenn man hart arbeitet – braucht man da auch wirklich Rat von guten Experten! Das oder auch Schulden bzw. Geldknappheit, auch bescheidene Kleidung usw. sind auch alles andere als Grund sich zu schämen! Es ist ja eher meistens eine Meister-Leistung mit solch knappen Mitteln überhaupt lange noch irgendwie überlebt zu haben, anständig - das hätte wohl kaum ein Manager hinbekommen ... (und vielen Menschen, selbst mit mehr Geld, ist ja auch Vieles glücklicherweise doch noch viel wichtiger als z. B. Marken- Klamotten – „innere Werte“ beispielsweise. Und da heute ja wirklich oft die „Ehrlichen die Dummen“ sind werden die ja auch eher ärmer- auch eher wie andere Leute, die für ihr Geld bzw. Profite über Leichen gehen, manchmal sogar nicht nur sinngemäß).

Natürlich gibt es auch Angenehmeres als in eine psychologische oder Schulden-Beratung zu gehen, ggf. auch vorsorglich (und bitte immer so früh wie möglich, dann ist noch am meisten und schnellsten zu helfen möglich!). Aber gute Schuldenberater wissen auch, dass so etwas (gerade) auch besten Menschen passieren kann und fast immer Opfern unguter Umstände, s. oben. Oder auch von Managern, die Millionen Menschen durch Spekulationen in große Not, Krisen bringen ... Und trotzdem keine Konsequenzen tragen müssen, selbst wenn sie entlassen werden noch mit Millionen-Abfindungen belohnt (!) – für ja eigentlich Verbrechen (!). Immer noch Geld haben für Edel-Klamotten, Luxus-Restaurants, sich stress- frei faul in der Sonne braun brennen lassen können, ihren Kindern Privatunterricht zahlen usw. Während deren Opfer, anständige Leute, massiven Stress und dann auch noch unsinnige Vorwürfe erleiden müssen ... Bzw. auch noch Hohn und Spott, Hänseleien für ihre Armut bzw. Probleme -von nur angeblich „besseren Leuten", die ihren Wohlstand aber auf Kosten anderer Menschen bekommen haben – gerade von denen also, die eigentlich sich wirklich schämen sollten (und das betrifft nicht nur Manager). Wirklich, welch *ver*-rückte, im wahrsten Sinne, Welt ... Da kann man wirklich oft (fast) verrückt werden, verzweifeln, psycholog. Unterstützung brauchen und suchen – bitte aber nur auch solche, die wirklich helfen will und sich nicht auch noch an der Not bereichert. Denn auch „Wissenschaftler" bzw. Fachleute müssen ja nicht immer unbedingt im Sinn haben zu helfen (wie leider erschreckend auch sehr krass bei Eva Jaeggis „und wer therapiert die Therapeuten" bzw. bei Degens „Lexikon der Psycho- Irrtümer" für diesen Bereich belegt). Denn in der Tat: "Die Wissenschaft hat keine moralische Dimension. Sie ist wie ein Messer. Wenn man sie einem Chirurgen und einem Mörder gibt, gebraucht es jeder auf seine Weise" (W. v. Braun. Ausführliche Belege dazu z. B. auch noch bei Bultmann/ Schmithals). Und auch wenn z. B. Therapeuten „nur" eher an ihre eigene Kasse denken als an das was wirklich hilfreich ist für Opfer kann das für die Opfer fatal enden.

Opfer von Mobbing oder finanzieller Not müssen z. B. sicher nicht – oft Jahre lang - in Selbst-Vorwürfen oder auch z. B., zumindest nicht primär, ihrer Kindheit wühlen ... (zumal solch eine Gegenwart natürlich *jeden* Menschen belasten kann, egal welche Kindheit er hatte. Sich da Jahre lang damit zu beschäftigen – bzw. Therapeuten damit verdienen lassen- mit noch mehr Problemen als die, die man schon hat bzw. einem bewusst sind kann noch mehr belasten – und das ja auch unnötig, wenn das gar nicht das Thema ist). Sondern vor Tätern bzw. vernichtenden Umständen muss geschützt werden, dabei muss geholfen werden, bzw. bei finanz.

Problemen dabei und auch noch unnötigen Selbst-Vorwürfen dafür ... Dass diese oder Mobbing sonst sehr belasten ist ja selbstverständlich, egal welche Kindheit man hatte ... (bei einer wenig schönen Vergangenheit ist natürlich eine dann auch noch unschöne Gegenwart sehr belastend ... Hatte man bisher ein ziemlich schönes Leben ist aber natürlich auch sehr belastend, wenn sich das dann drastisch verschlechtert ... So oder so braucht man also sicher Unterstützung!).

Zumal ja auch nach meiner Erfahrung oder z. B. auch der des bekannten Schweizer Psychiaters Ciompi (beschrieben z. B. in seinem Buch „Affektlogik") gerade die besten, herzlichsten, ehrlichsten Menschen heute leiden und in Schulden – oder psycholog. Beratung bzw. Behandlung landen ... (verzweifelt an dieser heute ja oft so wenig herzlichen, ehrlichen, gerechten Welt ...). Bzw. deren Opfer – ihre guten Seiten dort ausgenutzt oder geneidet. Und sich dann auch noch schwach oder dumm fühlen, Selbstzweifel haben. Ja, nochmals, in der Tat: „Das Schlimme an dieser Welt ist, dass die Dummen so selbstsicher sind und die Gescheiten so voller Zweifel" (Bertrand Russel). Bzw. den guten Menschen so Zweifel eingeredet werden- oft gerade auch von dumm(dreist)en, schlechten, andere ausnutzenden, quälenden usw. Menschen! Die so selbstsicher auftreten, als ob sie so viel drauf hätten und wüssten – oh nein, im Gegenteil! Und diesen muss auch entgegengetreten werden mithilfe geeigneter Unterstützung. Zum Schutz der guten, gescheiten Menschen. Zumal „Wo Unrecht zu Recht wird, wird Widerstand zur Pflicht." (B. Brecht). Auch von Nicht-Betroffenen. Gegen solche Menschen bzw. Umstände. Zumal, wirklich: „Der Klügere gibt nach. Eine traurige Wahrheit, sie begründet die Weltherrschaft der Dummheit" *(M. von Ebner-Eschenbach). Und das darf nicht zugelassen werden, dazu ist unsere Welt und alle, unzählig viele guten, Menschen ja doch viel zu wertvoll, kostbar!*

Und dass keine besseren finanziellen und anderen Mittel da wären bzw. bessere Arten diese einzusetzen, zu verteilen in dieser Welt (allgemein und auch präventiv bzw. zur Unterstützung von Opfern)... Das „stimmt" ja ähnlich wie dass die Erde doch eine Scheibe ist... Wie z. B. Untersuchungen von UNICEF, der OECD usw. ja immer wieder, ständig belegen. Und ja auch, s. oben, Verantwortliche zugeben müssen und das auch tun – (nur) z. B. im Wahlkampf. Aber danach ...

Und leider ist heute wahrlich ja auch nicht selbstverständlich, dass Hilfsbedürftige auch problemlos und überall und ausreichend, auch schnell, gute – bzw. überhaupt - Hilfe bekommen. Die zu finden ist oft auch ein größtes, manchmal sogar noch das größte Problem (weshalb ich auch hier, z. B. auch in der Anlage, immer wieder Hinweise und Tipps bzw. auch Warnungen dazu gebe). Oft muss man sich sogar dort noch wehren dagegen, dass man unverschuldet zum (Mit-) Verantwortlichen für etwas gemacht wird ... Wie gesagt zu unrecht. Dann kriegt man aber auch noch den Vorwurf, dass man sich nicht „helfen lassen will". Das ist aber oft auch leichter gesagt als getan- wenn man z. B. in großer Not, eh nicht so bei Kräften, von zig Beratern bzw. Therapeuten hört, dass sie erst in zig Monaten wieder einen freien Platz haben ... Das, dass viel zu wenige Therapeuten von Krankenkassen „zugelassen" werden – nicht weil so wenige qualifiziert wären sondern um Kosten für mehr zu sparen – ist ja auch nicht Schuld von Hilfesuchenden! (Hilfe zum Finden für Hilfe, auch in kürzerer Zeit, sind in der Anlage genannt). Und das gilt auch nicht „nur" für seelische bzw. psychologische Unterstützung, die natürlich jeder, auch stärkste, Mensch einmal gebrauchen kann. Sondern auch für materielle, oft ja natürlich zumindest genauso, wichtige Unterstützung –

auf die natürlich auch selbst stärkste Menschen angewiesen werden können, zumal in einer Gesellschaft wo gute Leistungen und Kompetenzen ja sehr oft überhaupt nicht belohnt werden (sondern viel zu gering bezahlt werden) bzw. gar nicht genutzt werden (von Arbeitslosen). Dass gerade auch die nicht gerade schlauesten oder gar menschlichsten Menschen heute oft gute Jobs, auch in Führungspositionen haben und Karriere machen – und zumeist auch nur wieder „Ihresgleichen" einstellen - während viele andere, zumindest menschlich aber auch oft fachlich bessere, keine oder nur schlechte oder schlecht bezahlte haben ist ja auch eine traurige Realität (was natürlich auch Menschen und Beziehungen sehr verletzen, belasten kann). Und auch Teil eines Systems, dass auch aus möglichen Hilfen für viele eher ein Geschäft für wenige Menschen macht. Auf Kosten der anderen, eigentlich Hilfsbedürftigen (die auch Unterstützung verdient hätten, aber natürlich wirklich sinnvolle und hilfreiche und nicht solche, die nur andere bereichert). Wie z. B. in bekannten Fällen, wo pflegebedürftige Menschen eher pflegebedürftig gehalten werden statt geholfen wird sie wieder gesünder, auch selbstständiger, zu machen -um für sie mehr Geld kassieren zu können (z. B. in Heimen). Wo selbst gesetzliche Betreuer sich bereichern an ihnen anvertrauten kranken, „behinderten" usw. Menschen. Und wo überhaupt im ganzen sozialen bzw. gesundheitlichen System oft eher der Profit als der Mensch, als wirkliche Hilfe eine Rolle spielt (ausführlicher z. B. auch der anerkannte Wissenschaftsjournalist R. Degen in seinem „Lexikon der Psychoirrtümer" dazu). Reportagen über unseriöse Finanz- und Schuldenberater, Kredithaie usw. gibt es ja zur Genüge. Und gerade auch von staatl. Seite, auch beim Thema Arbeit, Arbeitssuche liegt hier sehr vieles im Argen – bei einem für Menschen und deren Glück und Zufriedenheit bzw. überhaupt Überleben ja auch sehr entscheidendem

Thema– bzw., auch Beziehungen belastende, Unzufriedenheit bzw. Unwohlsein deshalb.

Diesbezüglich, auch apropos „Argen“, gab es z. B. auch eine sehr aussagekräftige, auf 3 Sat am 17. 2. 2012 gesendete, ARD-Dokumentation bzw. Reportage. Hier – zumal da das ja auch viele Millionen Menschen, Beziehungen, Familien betrifft - ein, auch schon interessanter, Auszug aus der ARD-Ankündigung dazu:

“Die Hartz-Maschine
Geschäfte mit der Arbeitslosigkeit

Reportage - Die Konjunktur bringt Schwung in den Arbeitsmarkt, nur bei den Langzeitarbeitslosen tut sich nichts. Die Bundesanstalt für Arbeit räumt ein, dass über die Hälfte von ihnen 'Kunden mit komplexer Profillage' seien, Hartz-Chinesisch für 'nicht mehr vermittelbar'. Um sie kümmern sich verstärkt Bildungsträger und machen damit Milliardengeschäfte. Es gibt Strickseminare, Supermärkte mit Gummieiern, Theaterkurse und Telefonausbildung. 'Maßnahmen', angeboten von einem Wirtschaftszweig, dem es umso besser geht, je mehr Menschen auf staatliche Hilfe angewiesen sind. Jeden Monat kassieren diese Bildungsträger 500 bis 800 Euro pro Teilnehmer von den Jobcentern für solche oft halbjährlichen Kurse. Manche Arbeitslose sitzen bereits zum fünften Mal im Seminar 'Wie bewerbe ich mich richtig?'. Die Hartz-Maschine brummt. So werden Fernfahrer mit Geldern des Jobcenters qualifiziert, Spediteure können sich teure Ausbildungsmaßnahmen sparen, der Steuerzahler springt ein. Bundesweit holen etwa 4500 Tafel-Fahrzeuge in Supermärkten und Geschäften welkes Gemüse und abgelaufene Lebensmittel ab - gegen Spendenquittung. Die Spender bestehen darauf, dass alles abgeholt wird, selbst wenn es schimmelt und fault, denn so sparen sich die Betriebe teure Entsorgungskosten. Es entsteht eine Parallelwelt der Lebensmitteltauschgeschäfte, die Tafeln als subventionierte Billigfoodkette. Auch Rechtsanwälte machen Kasse mit Hartz IV: Selbst wenn der Hartz-Kunde seinen Prozess verliert, mit der Prozesskostenhilfe garantiert der Steuerzahler das Geschäft. Für die Immobilienbranche sind Hartz-IV Bezieher solvente Mieter, denn das Amt zahlt prompt und pünktlich. Deutschland scheint sich einzurichten in einem System der Transferleistungen (...).Rita Knobel-Ulrich hat sich umgesehen im boomenden Wirtschaftszweig derer, die mit der Arbeitslosigkeit in Deutschland gutes Geld machen".

Und selbst wenn viele Mitarbeiter bei Ämtern, Behörden usw. wirklich helfen wollen mögen – es gibt ja auch dort nicht nur schlechte Menschen - wirklich geholfen wird dort eben zumindest oft nicht, manchmal sogar eher geschadet. Zumal die Mitarbeiter dort auch oft selbst überfordert sind, ja auch viele Burn-out bekommen (und das – und auch Opfer von Mobbing dort - gerade auch meistens nicht die faulen, nicht hilfs-bereiten, sondern gerade auch die sehr engagierten). Mit beim Jobcenter, Jugendamt etc. oft über 100 oder 150 „Fällen" (= Menschen bzw. Familien) zu betreuen. Und damit, zumal wenn sie wirklich im Rahmen ihrer begrenzten Möglichkeiten helfen wollen, auch oft überfordert sind, ausgebrannt ... Mit auch Fehler-Quoten von manchmal sage und schreibe 100 (!) Prozent fehlerhafter Bescheide in bestimmten Bereichen, wie eine Untersuchung des DGB Berlin – Brandenburg letztes Jahr ergab. Man sollte also wirklich auch Bescheide oder Auskünfte immer ganz genau prüfen (lassen, mit Hilfe bei diesbezüglichen Beratungsstellen), wenn man etwas beantragt hat und das abgelehnt wurde. Die Antwort „geht nicht“ stimmt auch sehr oft nicht. Und sich auch genau nach Unterstützungs-Möglichkeiten erkundigen- denn es gibt oft viel mehr als man denkt, kennt. Aber das ist eben oft auch wieder Stress ... Obwohl man ja eigentlich Hilfe bräuchte, Unterstützung – und nicht auch noch zusätzlichen Stress bzw. ständige Rechtfertigung warum man – natürlich - Hilfe braucht, auch in Seiten langen Formularen usw. , vor denen man sich aber bitte nicht abschrecken lassen sollte – auch z. B. bei Versicherungen - bzw. auch dafür (unabhängige) Unterstützung suchen, sich geben lassen sollte. Denn „Behördendeutsch“ kann wirklich selbst intelligenteste Menschen überfordern. Für Formulare, Anträge usw. bei Ämtern, Versicherungen usw. gilt sicher auch, gerade heute, sinngemäß noch sehr oft was einer der intelligentesten Menschen aller Zeiten sagte: „Um eine Einkommensteuererklärung abgeben zu können, muss man ein Philosoph sein. Für einen Mathematiker ist es zu schwierig“ (A. Einstein).

Bzw. gerade Menschen mit gesundem Menschenverstand haben Probleme mit „Amtsdeutsch“. Gesunder Menschenverstand – was aber eben doch oft etwas anderes ist als bürokratisches Denken ... Auch da liegt es eher an der Bürokratie, wenn man da, damit (bzw. sogar dadurch!) Probleme bekommt - und nicht an einem selbst ... Und unzählige Proteste gegen „Stuttgart 21“ und dergleichen zeigen ja, dass immer mehr Menschen sich auch daran stören, dass immer mehr Bürokratie bzw. „über den Kopf der Bürger hinweg handeln“ vorherrscht bzw. nur mit der Autorität der Macht (und nicht von Sinn, Gerechtigkeit)- nicht zuletzt auch im Gesundheitswesen, sozialen und Bildungsbereich und natürlich auch Beruf – und sich auch immer mehr Menschen das zurecht nicht mehr gefallen lassen (mit ja auch großen Erfolgen, z. B. auch in Baden-

Württemberg. Wo eine zuvor Jahrzehnte lang scheinbar „nie zu stürzende Regierung“ auf einmal weg vom Fenster war). Auch das sicher sehr wichtig gegen Mobbing und Burn-out erzeugende Umstände bzw. Menschen. Inklusive Politikern, die -frei nach Brecht-sich viel lieber andere, nicht so „aufmüpfige“ Wähler wählen würden ... Was „leider“ nicht geht ...

Und gerade auch bei „Burn-out“ und Mobbing wird aber, oft selbst in recht seriösen Medien, sogar von Krankenkassen oder Behörden herausgegeben, letztlich irgendwo noch zumindest etwas den Millionen – also sicher nicht nur einzelnen („Außenseitern“,..) -Opfern (mit) Schuld, Verantwortung gegeben. Was diesen wirklich völlig den Rest geben kann, Menschen – und gerade auch noch den guten, besten – wirklich den Rest, mit oft sehr fatalen Folgen.

Zumal, wie es auch in einer Pressemeldung des „Burnout- Zentrum e. V.“ heißt: „Burnout- Zentrum e. V. warnt jedoch ausdrücklich davor, die ohne jeden Zweifel existente, schwere und nicht selten tödliche Erkrankung Burnout- Syndrom zu bagatellisieren und zur Modeerscheinung für Faule oder Geldgierige zu stilisieren. Es wird den vielen Betroffenen, die sich gerade beginnen aus ihrem Teufelskreis herauszubewegen, zu ihrer Überlastung zu stehen, Mut zur Veränderung zu fassen, nicht gerecht, wenn wir den gerade erst umgelegten Schalter wieder zurückdrehen, indem wir die wirklich betroffenen Menschen zu Drückebergern herabwürdigen ...“ (Heidelberg, 25.11.2011). Dem kann ich mich nur anschließen (das gilt ähnlich auch bezüglich Mobbing-Betroffenen –auch wenn Burn-out –Opfer verunglimpft werden, s. oben).

Last, not least gibt es auch wirklich sehr große, auch immer wieder in der Beratungs- Praxis ersichtliche, Parallelen zum „Missbrauchs"- Thema. Was ja auch bei Mobbing und Burn-out immer eine Rolle spielt. Wenn man dabei betrogen, ausgenutzt, eben – zumindest auch seine Kräfte bzw. Vertrauen - missbraucht, getäuscht wird, ... Opfer von Intrigen usw.,übler Umstände, Machenschaften etc. Was natürlich auch Vertrauen in sich und die Welt erschüttern kann, auch eine Form des Missbrauchs ist – und, wie bereits erläutert, ja auch nicht selten mit anderen Formen des (auch sex.) Missbrauchs bzw. diesbezüglicher Diffamierungen verbunden ist. Da das Thema „Missbrauch" auf anderen Gebieten teilweise – wenn auch noch viel zu, teilweise erschreckend, wenig – schon etwas besser erforscht bzw. beschrieben ist (auch von Betroffenen) kann man hier auch noch weiteres Wissenswertes entnehmen. Für Betroffene von Mobbing und Burn-out und Menschen, die diesen helfen möchten und diese besser verstehen wollen – auch um besser unterstützen zu können- ist das sicher interessant. Zumal es hier auch letztlich um oft gleiche, zumindest ähnliche Aspekte geht.

Wie z. B. die Scham der Opfer, die Verdrehung der Täter/Opfer- Rolle, zu wenig Verständnis und Hilfe für die Opfer (und oft zu viel für die Täter). Und nicht zuletzt auch bezüglich unbedingter Notwendigkeit (auch öffentlich) ganz eindeutig klarzustellen, dass natürlich nur die Täter (und nicht die Opfer!) schuldig sind usw. In diesbezüglicher Fachliteratur wird auch mit nach wie vor auftretenden Legenden nachweislich, wissenschaftlich aufgeräumt. Dass z. B. Opfer eben irgendwelche „Schwachen" sind oder auch z. B. Opfer sexuellen Missbrauchs oft z. B. „pubertäre Gören" sind, die durch „provozierende" Kleidung „selbst (mit)schuld" (!) sind – auch wenn das natürlich eh unsinnig ist, s. oben - ist eine Legende. Zumal Missbrauch auch meistens in sehr jungen Jahren (auch schon im *Säuglingsalter*!) anfängt (oder hatten die Babys auch aufreizende Kleidung an? Man muss das teilweise wirklich so zynisch fragen, aufwerfen, um den Irrsinn aufzuzeigen ...). Und dass Missbrauch natürlich auch kein „Kavaliersdelikt“ ist. Zumal fast alle Täter auch Wiederholungstäter sind, sie missbrauchen oft mehrere (manche - z. B. als Kinderarzt/ Therapeut (!) - *Hunderte* (!) Opfer. Sie planen die Taten und ihr „sauberes Image“ oft jahrelang). Viele tauschen hierfür, sogar auch international (!), Tipps aus. Das zeigt also auch wie raffiniert, brutal die Methoden und auch Tarnungen der Täter sind- also alles andere als leicht zu erkennen, oft auch für Fachleute nicht. All das trifft auch auf Mobbing – bzw. Burn-out- Verursacher und auch auf diesbezügl. Vorurteile sehr oft zu. Wo auch oft mehr „Schein als Sein“ ist.

Bei Mobbing (oder auch Burn-out) in jungen Jahren kommt, ebenso wie auch bei sonstigem Missbrauch, hinzu dass in diesen das ganze „Weltbild“ sehr tief gehend geprägt (bzw. “erschüttert“) werden kann – auch wenn das natürlich auch ältere Menschen extrem aus der Bahn werfen kann. So eben z. B. Vertrauen in sich und andere Menschen durch (auch Vertrauens-) Missbrauch. Oft auch während der Pubertät oder auch früher Kindheit, also auch sehr prägenden Jahren (was aber natürlich auch spätere Zeitpunkte können- wenn man z. B. neu im Job ist oder sich auch im Alter fragt, ob man noch für etwas jung, fit genug ist usw.). In der Folgezeit kommen diese Geschehnisse, Vertrauens-Erschütterungen dann – auch noch später, auch bei Erwachsenen - oft immer wieder „traumatisch hoch“. Auch bei es wirklich gut meinenden Menschen (aber auch die Täter erschienen ja früher zunächst als gute bzw. es angeblich gut meinende Menschen). Und bedürfen unbedingt, auch professioneller, Unterstützung.

Sehr entscheidend ist zudem auch die „Widerstandsfähigkeit“ der Opfer, und vor allem der Grad der – das gehört natürlich auch entscheidend zu dieser Fähigkeit - Ressourcen/Unterstützung nach der Tat. Das Gesamtbild muss also wirklich gesehen werden. So kann ja auch z. B. der „kleinste“ Missbrauch, auch Mobbing, schwerste Folgen haben, wenn der Täter ein sehr Vertrauter (bzw. Autoritätsperson), das “Weltbild“ des Opfers bestimmender ist, dieses vom Täter sehr abhängig ist und/oder wenig bzw. keine Unterstützung oder nicht einmal Verständnis bekommt! Auch wenn teilweise etwas umstritten ist wo ganz genau „Missbrauch“ bzw. Mobbing und Burn-out anfängt, ist selbst der „kleinste“ Fall von Missbrauch, Quälen, übler Nachrede usw. und „zum Objekt degradieren“ (auch ausnutzen, schikanieren, beleidigen usw.) natürlich zu verurteilen. Zumal jeder Mensch ja auch anders empfindet, was „leicht“ oder „schwer“, gut, schön oder schlecht ist. Auch z. B. vermeintlich „positive“ Bemerkungen z. B. auch Erwachsener (auch innerhalb der Familie) wie „die hat ja schon tolle Brüste“. Die aber trotzdem, zumindest in unangemessener Form gesagt, zum Objekt degradieren – Menschen sind ja aber natürlich *Subjekte.* Die auch selbst- zumindest zu ganz großen Teilen auch schon als Kinder- bestimmen dürfen, was für sie schön, o. k. ist (vielleicht freut sich irgendein Mädchen ja z. B. über solch eine Bemerkung. Ganz viele andere aber sicher nicht – und wie etwas bei jemand ankommt entscheidet ja letztlich auch immer der Empfänger einer Botschaft, nicht der „Absender“! Zumal ja wirklich oft gilt „gut gedacht ist nicht gut gemacht“. Und übergriffige Handlungen, Grenzen anderer Menschen, auch bezüglich derer Kräfte, Burn-out, missachten ist sicher *nie* gut!).

Gerade mangelnde Unterstützung/ Aufarbeitung, auch z. B. „alleine“ das Nicht-Glauben oder Verharmlosen der Opfer-Berichte „bestätigen“ zudem dauerhaft Gefühle des Opfers wie „das durfte mit mir gemacht werden“/ “das war doch nichts Schlimmes/ ganz normal“ / bzw. “ich war ja selbst schuld“ (bzw. zu empfindlich). Und führt so zu Re-Traumatisierungen, „Bestätigungen“/ Verallgemeinerungen („das war nicht nur ein Einzelfall, sondern für alle Menschen ist das normal / die Welt ist (insgesamt) so“). Also Manifestationen von dauerhaften Störungen von Vertrauen in sich und andere, was eine „positive“ Auseinandersetzung damit verhindert („das war abnormal, was mit mir gemacht wurde/ es ist nicht normal, dass man nur Anerkennung bekommen kann wenn man Bedürfnisse anderer befriedigt, sich ausnutzen lässt, Objekt für andere ist“ und dergleichen). Sehr wichtig sind also stabiles soziales Umfeld, unterstützende Bezugspersonen und Beratung/Therapie, die selbst bei sehr üblem Missbrauch helfen kann: „Viele betroffene Mädchen und Jungen, denen geglaubt wird und die Hilfe bei der (therapeutischen) Aufarbeitung ihrer Erfahrungen erhalten, entwickeln sich zu sehr selbstbewussten Kindern und Jugendlichen“ (Enders, Ursula: Handbuch gegen sexuellen Missbrauch -“zart war ich bitter wars“– auch sonst sehr interessant und mit vielen Tipps, hier S. 170ff.).

Aber das von anderen Menschen – auch denen, die das nicht verurteilen, also quasi „gutheißen“ bzw. zumindest dulden! - ver-rückte Weltbild (dass z. B. Missbrauch bzw. Übergriffe, Ausnützen „normal“, üblich, ok, nicht so schlimm sind) muss dazu wieder zurecht gerückt werden, gegen das Ver-rückte – denn das ist *natürlich nicht normal, gut, ok – ebenso wie Mobbing, andere Menschen ausnutzen, ausbeuten nicht*!

Sonst wird man natürlich „verrückte“ Ansichten, Gefühle, Probleme bekommen- dass z. B. Ausnutzung, Missbrauch, Mobbing „normal“ bzw. „verdient“ ist. Man sich und anderen Menschen nie trauen kann. Und sich selbst auch noch schuldig bzw. un-normal finden – statt viel mehr,

zurecht, das was da mit einem gemacht wurde! *Das* ist ja natürlich wirklich absolut verrückt, pervers, widerlich, gemein, unmenschlich, ein abscheuliches Verbrechen!
Auch solche Missbrauchshandlungen sind Straftatbestände (vgl. §§ 173ff. StGB, Sex. Missbrauch von Kindern/von Schutzbefohlenen/ Sex. Nötigung, Förderung sex. Handlungen Minderjähriger,...Mit möglicher Freiheitsstrafe von bis zu 10 Jahren (- wenn es auch hier erschreckendes Recht (?) gibt - Verurteilte kommen z. B. oft nach höchstens ca. 1 Jahr frei, nach einem weiteren wird in Deutschland ein entsprechender Eintrag im polizeil. Führungszeugnis gelöscht, also für z. B. künftige Firmen /Schulen, Kitas u.a. nicht mehr ersichtlich)!.

Genaue Zahlen sind auch hier sehr unklar. Mit auch heute noch sehr hohen Dunkelziffern (bis zur Renaissance galt Sexualität mit Minderjährigen auch sogar noch als normal, erste Missbrauchsstatistiken gab es erst ca. 1980! Und auch heute gibt es diesbezügl. noch viele „Tabus" und relativ geringe Anzeigebereitschaft, u. a. aus großer Scham des Opfers – also große „Dunkelziffern", auch sicher sehr viel mehr Opfer als bekannt sind).
Die zuvor - da alleine- meist erfolglose Gegenwehr wird vom Opfer oft verdrängt/vergessen, auch wegen Ohnmachtsgefühlsschmerz oft sogar versucht Verständnis für den Täter aufzubringen. Oder sich „ich wollte es ja auch" auch eingeredet um die Schwere der Tat und damit der Ohnmacht so zu „lindern". Wird der Täter so „entlastet" gibt sich dann das Opfer aber zwangsläufig selbst wieder (Mit-)Schuld an der Tat und hat noch mehr Angst vor dem über die Tat reden/anzuzeigen.

Bzw. fühlt sich gar nicht wirklich „im Recht" dazu ...

Nach Schätzungen in den USA (Zahlen in Europa wohl vergleichbar) haben bis 1/3 (!) aller Kinder/Jugendlichen sex. Erfahrung mit Erwachsenen. In Deutschland : Angezeigt nach §176/Sex. Missbrauch gegen Kinder ca.12-15000 jährl. Fälle in den 1990 er Jahren, geschätzt ca. 300 000 (nach Untersuchungen des kriminolog. Forschungsinstitutes Niedersachsen im Auftrag der Bundesregierung 1992). Dabei ca. jedes 4. Mädchen (!) / jeder 12. Junge(!) sexuell missbraucht. Mindestens ... Bei besonderen Personengruppen sogar deutlich mehr, z. B. bei „Behinderten"(!) wahrscheinlich jede/r 2. ! Das belegt alleine ja auch schon die Wichtigkeit – und Grausamkeit für Betroffene – dieses Themas. Zumal, s. oben, oft auch noch Taten miteinander verknüpft werden (z. B. zu Sex. Missbrauch genötigt wird mit der Erpressung ansonsten (weiter) Mobbing-Opfer zu werden. Oder eben auch Mobbing betrieben wird mit tatsächlicher oder vermeintlichen sex. Veranlagungen, z. B. auch homosexuellen).

Auch hier kann grundsätzlich Jede/r betroffen sein, missbraucht werden. Auch sexuell. Natürlich auch nicht zuletzt Menschen mit schlechtem Selbstwertgefühl, wenn sie – ja auch nicht durch ihre Schuld – zu wenig Wertschätzung bekamen zuvor. Und somit für Täter „gefundenes Fressen" sind. Ja aber auch zudem *nicht* weil sie dumm, hässlich, schwach oder dergleichen sind. Das wäre für Täter ja kaum reizvoll. Zumal es ja auch keine hässlichen Menschen gibt und „Jeder Mensch trägt einen Zauber im Gesicht, der irgend jemand gefällt" (F. Hebbel). Natürlich gefällt der, fällt auch nicht nur Menschen auf, die einen ausnutzen, missbrauchen wollen. Denen aber leider auch. Und vielen, sehr oft sogar besonders zauberhaften, Menschen ist ihre Schönheit, Klugheit, Stärke usw. leider eben auch gar nicht so bewusst – weshalb ihnen auch gar nicht so klar ist, dass sie eben auch Tätern viel zu bieten haben, auch auszunutzen – was eben zu Burn-out bzw. Neid, Mobbing, Ausnutzen, Missbrauch führen kann. Man muss sich also seiner positiven Seiten auch deshalb bewusster werden (ggf. mit nötiger Unterstützung dabei), damit man sich auch bewusster werden kann, dass man sich auch schützen (lassen) muss als sehr lohnenswertes, reizvolles Opfer (wegen seiner *guten, starken, schönen, reizvollen* Seiten)!

Opfer kommen auch aus allen Sozialschichten, Altersgruppen (ab frühester Kindheit, auch bereits im Säuglingsalter! Mit oft jahrelangem Missbrauch, besonders häufig z. B. in der Pubertät).
Täter kommen fatalerweise auch hier oft aus ziemlich angesehenen Berufen (z. B. Ärzte, Therapeuten, Pädagogen – oft sogar gerade, dreist die, die mit Missbrauchopfern arbeiten! - Pfarrer, Gruppenleiter, Fußballtrainer und dergleichen, ...) bzw. sind ehrenamtlich Tätige ... Täter bauen oft sehr geschickt, *oft Jahre lang*, ein „Scheinbild" von sich auf (freundlich, vertrauensvoll, ehrwürdig, ...- um entsprechend zu wirken-eben als nicht verdächtig und für Opfer „anziehend") .
Täter haben oft selbst zu wenig Zuneigung u.a. in der Kindheit bekommen. Das ist natürlich keine Entschuldigung aber zeigt, dass die Tat oft über Generationen weiterverschleppt wird, also auch Täter neben Strafe fachmänn. Hilfe benötigen (zumindest um nicht weitere Verbrechen zu verüben oder weil sie selbst bislang „unbehandelte" Opfer sind). Und dass für eine Gesellschaft gekämpft werden muss wo Kinder „gut aufwachsen können", alle Menschen gut leben. Die ersten Missbräuche in der Familiengeneration passierten oft zu Kriegszeiten bzw. totaler „Entwurzelung" von Menschen. Div. soziologische Theorien rufen auch deshalb zur Bekämpfung von „menschenverachtenden" Ursachen, z. B.

kapitalist. Systemen, auf wo der Mensch „entwurzelt“/entfremdet bzw. nur noch als (auch missbrauchbare, ausnutzbare) Ware angesehen wird, vgl. z. B. Trube-Becker, Elisabeth dazu: „Sexuelle Gewalt und wirtschaftliche Ausbeutung“, unter anderem S. 90 ff.).

Sehr hilfreich ist jedenfalls wirklich auch sich Berichte von Opfern von Missbrauch, Mobbing, Burn-out anzuschauen, z. B. auch im Internet (oder als Betroffener bzw. Angehöriger auch in diesbezüglichen Selbsthilfegruppen vor Ort oder auch im WWW). Um zu sehen, erleben, was für wirklich *gute* Menschen das *unverschuldet* offensichtlich trifft (und auch zum Austausch von Erfahrungen, Tipps usw. aus „Erster Hand“). Und welch ein Verbrechen das ist, wie schändlich, auch diese zu angeblich Mit- Verantwortlichen bzw. irgendwie „Schwachen“ zu machen, anzusehen. Bzw. um zu sehen, eindringlicher möglich als nur mit Berichten *über* diese Menschen (nur aus „Zweiter Hand“ sozusagen) wie grausam das ist. Das Horrorszenario des „11. September“ ist sicher eines der wenigen vergleichbaren traumatischen Erlebnisse, wobei man die einstürzenden Türme des WTC in New York mit dem „Einstürzen“ von Vertrauen und Selbstwertgefühl bei Missbrauch, Mobbing, Burn-out - Opfern etwas assoziieren, vergleichen könnte. Und wie schwer in der Folge ein Leben ohne Vertrauen in andere bzw. sich selbst, mit gleichzeitig Wunsch und Angst vor Zuneigung, Nähe u. a. ist, solange der Schmerz nicht (therapeutisch begleitet) „herauskommen“/verarbeitet werden kann. Dazu muss aber ja erstmal darüber geredet werden dürfen ohne irgendwelche Vorwürfe von wem auch immer - die sich Opfer ja auch schon selbst viel zu viele machen, schamvoll ...

Es sollte auch zumindest zunächst keinesfalls die Wahrheit von erzählten

Erlebnissen angezweifelt werden („War das wirklich genau so"/ "bist du dir da wirklich (ganz) sicher"...)- weil Opfer sonst meistens sofort aufhören zu erzählen, da sie denken es wird ihnen doch (wieder) nicht geglaubt oder ihr Vertrauen wird wieder missbraucht oder man macht sie (mit) verantwortlich. Tatsächlich ist auch *nahezu immer* etwas „dran", wenn Menschen von solchen Erfahrungen sprechen (auch wenn es in ganz wenigen Fällen auch Mobbing gibt mit ungerechtfertigten Vorwürfen des Sex. Missbrauchs). Auch wenn es sich vielleicht überzogen anhört – aber es gibt, s. oben, auch extrem viele und brutale, fast unglaubliche aber leider wahre Taten und Täter gerade aus eigentlich ehrenwert geltenden Familien, Berufen, ehrenamtlichen Tätigkeiten usw.!

Wichtig ist auch, dass bei Fachleuten möglichst bald zu Gesprächen Experten zugezogen werden. Auch bei der Polizei gibt es z. B. diesbezüglich geschulte Fachkräfte (eine nur „normale", nicht angemessene Vernehmung oder gar Vorwürfe könnte verheerende, re-traumatisierende Folgen für Opfer haben, auch von Mobbing!).

Um dem entgegenzuwirken – auch, völlig verrückt, die Guten bzw. Opfer sogar noch zu den Schlechten, Schwachen oder gar (Mit-) Schuldigen zu machen mit o. g. fatalen Folgen - habe ich dieses Buch hier geschrieben, begleitet mit Petitionen und offenen Briefen an Politiker, Medien usw. mit dessen Kernaussagen- was hoffentlich mithelfen kann hieran etwas zu ändern, zumal wenn sie weitere Unterstützer – vielleicht ja auch Leser dieses Buches – erhält. Aber auch den Betroffenen selbst und deren Angehörigen, Partnern, Familien, Freunden usw. soll das Mut machen bzw. Zuspruch geben – auch dass sie wirklich die Opfer, nichts Anderes, bzw. Guten, Unschuldigen sind und wirklich auch Unterstützung nötig aber auch mehr als verdient haben - und auch sicherlich das Potenzial haben, dass ihnen geholfen werden kann!

Und selbst wenn einigen Menschen Zweifel bleiben sollten, ob man Hilfe, Unterstützung, Respekt verdient hat, sich vielleicht weiter zu schwach fühlt: Es gibt ja wirklich auch die unglaublichsten Beispiele (z. B. auch von Nadolny) dafür, dass es Menschen selbst mit schwersten Voraussetzungen geschafft haben (wieder) sehr glücklich und erfolgreich zu werden- „with a little help from my friends"! Wie eben auch bei Furman zu lesen (mit vielen Beispielen und Untersuchungen dazu dort, selbst bei schlimmsten Erlebnissen – auch wenn deren Verarbeitung natürlich einige Zeit und Unterstützung braucht). Und auf Dauer lässt sich zudem auch Wahrheit nicht unterdrücken. Irgendwann – gerade ja auch vermehrt in letzter Zeit wieder einige – stürzten ja z. B. auch selbst brutalste Terror-Regime und deren Anführer. Auch Honecker und Hitler wurden gestürzt, obwohl man sich das früher einmal fast nicht mehr vorstellen konnte. Denn ja, wie z. B. Pablo Neruda solchen Menschen, Tätern, Wahrheit- und Gerechtigkeit verbiegenden Menschen, Feinden von Frieden und Freiheit, Gerechtigkeit zurief (bzw. deren Gegnern und Opfern Mut machend): „Sie können alle Blumen abschneiden. Aber nie werden sie den Frühling beherrschen". Und wichtig ist ja auch, dass man selbst weiß, dass man im Recht ist, auf der „guten Seite" (bzw. das von anderen guten Menschen hört). Spürt man das im Herzen, weiß man das, bekommt man das von einem wichtigen Menschen bestätigt können einen auch sonstige Hindernisse, Umstände, Menschen auf Dauer nicht klein kriegen. Trotz aller Probleme.

Wie z. B. auch nicht den in seiner körperlichen Bewegung fast völlig eingeschränkten Steve Hawkins – der aber trotz dieser „Macken" (?) geistig ja nahezu alle Schranken sprengt, als „Einstein der Neuzeit".

Oder der inzwischen sogar als „Mental Coach“ weltweit erfolgreiche Australier Nick Vujicic. Ohne Arme und Beine (!) zur Welt gekommen. Die nach der Geburt zunächst schockierten Eltern förderten den bis auf die körperlichen Beeinträchtigungen gesunden Sohn, um ihm ein weitgehend selbstständiges Leben zu ermöglichen. Er litt aber schon früh unter Depressionen, da er sehr oft gehänselt wurde. Beging deshalb mit zehn Jahren einen – glücklicherweise erfolglosen- Suizidversuch. Vujicic berichtet in Interviews und in Vorträgen, wie inzwischen sogar bei „Wikipedia“ über ihn zu lesen, er habe in seinem Leben aufgrund seiner Behinderung lange Zeit keinen Sinn und keine Hoffnung für sich gesehen. Fühlte sich schwach, hässlich, nie in der Lage eine Partnerin zu finden ... Seine „schönen Augen“ (nicht mehr und nicht weniger!), als er die damals als wichtig sehen lernte, retteten ihn vor dem Suizid. Der schon nochmals geplant war in seiner Pubertät, als er sich nutzlos und schlecht vorkam, auf seine Mängel reduziert von anderen bzw. – noch schlimmer – als Folge letztlich auch von sich selbst. Nachdem er vorher nur seine Mängel, was er nicht hat, sah ... Bis er sich darauf konzentrierte, *was er trotz allem hatte und konnte* – (zumal angesichts seiner Voraussetzungen) sogar wahnsinnig viel! Nach der Grundschule besuchte er dann- mit so völlig anderem Selbstbild, Selbstwertgefühl- die Highschool und erwarb im Anschluss Hochschulabschlüsse. Ist heute sehr glücklich, auch verheiratet. Alles ja sicher mehr als beachtlich, zumal bei solchen Voraussetzungen! Das konnte er aber nur mithilfe seiner Eltern und guter Freunde, die halfen das Positive in sich zu sehen, was sein Leben gerettet hat (während Hänseleien, Mobbing bzw. die Menschen, die das machten ja fast zu seinem Suizid geführt hätten). Das zeigt ja auch die Bedeutung solch negativem – bzw. eben auch positivem – zwischenmenschlichen Umgangs ... Und auch dass es ein Unterschied wie Tag und Nacht sein kann, über Leben und Tod entscheiden kann, ob man wenigstens einen Menschen hat, der zu einem hält – oder keinen. Und Freunde kann man irgendwann immer (wieder) finden, zumal „Der beste Weg, einen Freund zu haben, ist der selbst einer zu sein" (R. W. Emerson). Und Menschen, die auch Freunde suchen trifft man sicher, z. B. auch im Internet (z. B. auch auf o. g. Foren).

Mithilfe seiner Eltern, Freunde, Hilfsmitteln und enormer Willenskraft ist N. Vujicic heute auch sehr flexibel, spielt Fußball, surft rasant usw. (auch kostenlos im Internet zu finden, sehen unter seinem Namen- auch das kann man nicht beschreiben, sollte man gesehen haben). Er gibt heute auf Massen-Veranstaltungen zig Tausenden Menschen Mut, die an sich mit viel kleineren (wenn für sie auch bedeutenden) „Mängeln" zweifeln. Und durch ihn, sein Beispiel auch (Selbst-) Wertschätzung erfahren. Statt völlig zu verzweifeln, wenn man vorrangig seine Schwächen sieht – was ja auch die stärksten Menschen an sich zweifeln und auspowern lassen würde! Und ohne Hilfen, Hilfsmittel und Zuspruch hätten weder Hawkins noch Vujicic noch sonst irgendein Mensch es soweit gebracht wie sie es taten, wären beide – also auch ein Mann, der in einem Atemzug mit Einstein genannt wird – bestenfalls in einer „Werkstatt für Behinderte" gelandet (bzw. früher gleich als „unwertes Leben" betrachtet). Wenn aus einem Menschen „nicht so viel" wurde bisher muss sich also immer erst einmal die Gesellschaft fragen, ob der wirklich schon genug passende Förderung und Zuspruch bekam!

Aber, nochmals: Man muss ja nicht gleich auch so erfolgreich sein wie in zuletzt genannten Beispielen. Aber selbst ohne Arme, Beine, mit welchen „Mängeln" auch immer: Man kann ein gutes Herz haben, somit ein guter Mensch sein und, auch wenn das heute wahrlich nicht einfach ist, mit Unterstützung auch bleiben (und damit viel besser sein als andere

Menschen, die weniger gut sind – z. B. weil sie Mitmenschen quälen, ausnutzen, ...).

Und damit natürlich *jeglicher Unterstützung und Anerkennung wert.*

In diesem Sinne: Alles Gute! *Wolfgang Laub*

IX. (Anhang):

Anlaufstellen für weitere Hilfen vor Ort / im WWW

(für Inhalte + Aktualität kann leider nicht garantiert werden) :

- Möglicher erster Ansprechpartner (auch anonym, kostenlos, auch per E-Mail möglich, Tag und Nacht): Die **Telefonseelsorge(.de)** inkl. ihrer sorgfältig ausgesuchten und geschulten Mitarbeiter, die auch weitere Anlaufstellen vor Ort nennen können

  Denn:

  Ein Buch, nur Selbst- oder auch Fern-Diagnose oder dergleichen kann eine fachmänn. Beratung, ggf. auch polizeilich und auf jeden Fall ärztlich, auch Untersuchung (auch körperlich und ggf. psychologisch!) auf keinen Fall ersetzen!

  Die noch viel zu häufige Verharmlosung von „Burn-out“ und Mobbing führt oft dazu, dass Betroffene – und leider oft auch Rat Gebende – das nicht ganz ernst genug nehmen und sich keinen fachmänn. Rat suchen- was fatale Folgen haben kann, bis hin zum Suizid oder anderen fatalen Folgen! Burn-out und Mobbing können auch fatale, traumatische Erfahrungen sein und Menschen wirklich völlig vernichten bzw. an den Abgrund bringen, den Boden wegziehen – suchen bzw. empfehlen Sie deshalb bitte *unbedingt* und immer, auf jeden Fall, den o. g. Rat!

Weitere – begleitend - nützliche Adressen, mit dort wiederum vielen weiteren Informationen, Adressen

– leider ohne mögliche Gewähr, Haftung dafür- auch für Aktualität:

- das-beratungsnetz.de
-> *kostenlose Hilfe bei allen möglichen Problemen, auch* bei *„Mobbing" /Burn-out*
- therapie.de

gemeinnütziges Psychotherapie-Portal mit Therapeuten-Suche und vielen weiteren Link- Tipps

- www.jugend-notmail.de - *Tipps + Hilfe (auch per E-Mail) für Leute bis 25*

- *nummergegenkummer.de* (Mitglied im Dt. Kinderschutzbund) *für Eltern + Kinder*

- ueberlebensgeschichten.de – viele, auch Link-, *Tipps von Unglück-, Not-Überlebenden*

- www.krankheitserfahrungen.de *Kranke Menschen beschreiben ihre Gefühle, was ihnen hilft*

- nakos.de - Datenbank über *Selbsthilfegruppen in ganz Deutschland*

- *www.bessereweltlinks.de*

Sammlung entsprechender (sehr vieler) Links ...

- *kindersicherheit.de* - mit vielen Informationen, Tipps dazu

- Bundeszentrale für gesundheitl. Aufklärung - mit vielen weiteren *Adressen/Tipps, auch* auf *kindergesundheit-info.de* ; *kinderstarkmachen.de* ("für ein Leben ohne Sucht und Drogen", mit auch sehr vielen Infos und Tipps , ebenso wie auf *loveline.de* - dem Jugendportal der BZgA, auch zu Liebe, Sex usw.).

- www.*schueler-mobbing.de* , www.*mobbing-schluss-damit.de* , *www.mobbing-zentrale.de* – viele Tipps und Hilfen für Opfer von Mobbing bzw. Angehörige- Eltern usw.
- *www.mobbingscout.de* – umfangreiche Datenbank für Hilfen bei Mobbing (der Fairness- Stiftung)

-www.antidiskriminierungsstelle.de (des Bundes)

- www.zartbitter.de Tipps, auch präventiv, bezüglich (sex.) Missbrauch

- web4health.info/de - Kostenlose Online- Beratung/Tipps zu allen möglichen *Gesundheits- und psycholog. Fragen*

- www.weisser-ring.de (*Hilfe für Opfer von Verbrechen*)

- www.meine-schulden.de/ *Kostenlose Beratung, auch anonym, online, bei Schulden*

-www.sozialvital.de

Tipps für überschuldete/ hiervon bedrohte Menschen und deren Berater

- www.handicap-net24.de

Ziel: Horizonte öffnen für Menschen mit Handicap

-www.dgb.de

Gewerkschaftsbund-Seite mit Links zu *Gewerkschaften u. a. Beratungsangeboten und dergleichen in Deutschland*

- solidaritaet-international.de *Internationale Solidaritäts- und Hilfsorganisation*

- lebensmut.de - *christliche Seite, die (neuen) Lebensmut machen möchte*

- lebensgeschichten.org - *Selbsthilfe - Seite, auch mit vielen "Überlebensgeschichten"*

X. LITERATUR- und Quellenverzeichnis

- Balsen, Werner (Hrsg.): Die neue Armut, Köln 1984

- Barthelmeß, M. : Systemische Beratung- eine Einführung für psychosoziale Berufe, Weinheim 1999

- Bollnow, O. F. : Existenzphilosophie und Pädagogik, Stuttgart 1962

- Brezinka, W. : Grenzen der Erziehung . In Schicksal ? Grenzen der Machbarkeit, Heidelberg 1978

- Bronisch, T. : Der Suizid, München 1995

-Bultmann, A./ Schmithals, F.(Hrsg.): Käufliche Wissenschaft- Experten im Dienst von Industrie und Politik , München 1994

- Ciompi, L.: Affektlogik, Stuttgart 1982

- Degen, R. Lexikon der Psycho-Irrtümer, Frankfurt/M.2005

- Enders, U. (Hrsg.): Handbuch gegen sexuellen Missbrauch, Köln 2001

- Engel, S./ Gärtner-Engel, M.: Neue Perspektiven für die Befreiung der Frau, Essen 2000

- Freudenberger, H.: Burnout bei Frauen, München 2005

- Fromm, E.: Authentisch leben, Freiburg 2000

- Furmann, B.: Es ist nie zu spät eine glückliche Kindheit zu haben, Dortmund 2001

-Goldbrunner, H.: Arbeit mit Problemfamilien. Systemische Perspektiven für Familientherapie und Sozialarbeit, Mainz 1989

-Griesebach, E.: Die Grenzen des Erziehers und seine Verantwortung, Halle 1924

- Gudjons, H.: Pädagogisches Grundwissen, Heilbrunn 1995
- Gür, M.: Warum sind sie kriminell geworden? Türkische Jugendliche in deutschen Gefängnissen, Essen 1990
- Hecht, W.(Hrsg.): Bertolt Brecht – Über Politik und Kunst, Frankfurt/M.1971
- Heiner, M.: Nutzen und Grenzen systemtheoretischer Modelle für eine Theorie professionellen Handelns . In „Neue Praxis“ 5 u.6 /1995
- Hering, S. / Münchmeier, R. : Geschichte der sozialen Arbeit, München 2000
- Hollstein-Brinkmann, H.: Soziale Arbeit und Systemtheorien, Freiburg 1993
- Jaeggi, E.: Wer therapiert die Therapeuten? , Berlin 2005
- Korte, H.: Einführung in die Geschichte der Soziologie, Stuttgart 1998
- Kühnl, R.(Hrsg.): Geschichte und Ideologie. Kritische Analyse bundesdeutscher Geschichtsbücher, Hamburg 1973
- Lampert, L; Kroll, A.: Soziale Ungleichheit der Lebenserwartung, in „Aus Politik und Zeitgeschichte" 42/2007 (Herausgeber: Bundeszentrale für politische Bildung)
-Largo, R. H.: Kinderjahre. Die Individualität des Kindes als erzieherische Herausforderung, München 2007
-Luhmann,N.: Strukturelle Defizite. Bemerkungen zur systemtheoret. Analyse des Erziehungswesens in: Oelkers, J./Tenorth, H.-E.(Hrsg.): Pädagogik, Erziehungswissenschaft &Systemtheorie, Weinheim 1987
-Lüssi , P.: Systemische Sozialarbeit, Bern 1992

- Maturana, H.R./Varela,F.J.: Der Baum der Erkenntnis. Die biologischen Wurzeln des menschlichen Erkennens, München 1996

- Max- Planck- Institut für Bildungsforschung (Hrsg.):

- - PISA 2000- Zusammenfassung der zentralen Befunde,

- Berlin 2001

- Nadolny, S.:Die Entdeckung der Langsamkeit, München 1983

-Neumann-Wirsig, H. und Treiber, G.: „Systemische Sozialarbeit heißt lehren und lernen" in Blätter der Wohlfahrtspflege 3/ 2000, S. 53ff.

- Oelkers, J./ Lehmann, T.: Antipädagogik: Herausforderung und Kritik, Braunschweig 1983

- Peschel, E.: Macht und Grenzen der Erziehung oder „die heimlichen Mit-Erzieher", Frankfurt/M., 1979

- Peseschkian, N.: Psychotherapie des Alltagslebens. Training zu Partnerschaftserziehung und Selbsthilfe. Frankfurt/M. 1977

- Rauschenbach,T.(Hrsg.): Soziale Arbeit und Erziehung in der Risikogesellschaft, Neuwied 1992

- Schäfer,G.: Der überraschte Pädagoge- in „Neue Sammlung" 1989

- Schlösser, S.: Lieber Matz, dein Papa hat `ne Meise, Berlin 2011

- Spranger, E.: Das Gesetz der ungewollten Nebenwirkungen in der Erziehung (E.S., Gesammelte Schriften, Band 1), 1962

- Stock, C.: Burnout –Erkennen und verhindern, Freiburg 2010

- Trube-Becker, E.: Sexuelle Gewalt und wirtschaftliche Ausbeutung, Heidelberg 1992
- UN- Kinderrechtskonvention: Die Rechte des Kindes. Das Übereinkommen über die Rechte des Kindes verabschiedet von den Vereinten Nationen in New York am 20.11.89, Ravensburg 1994
- Wesel, U.: Aufklärungen über Recht – zehn Beiträge zur Entmythologisierung, Frankfurt/Main 1981
-Wulf, C. : Einführung in die Anthropologie der Erziehung, Weinheim 2001
- Zimbardo, P. G..: Psychologie, Berlin/New York 1999

Meine geliebten Eltern im Jahr ihrer Hochzeit

MIX
Papier aus verantwortungsvollen Quellen
Paper from responsible sources
FSC® C105338

Printed by Books on Demand GmbH, Norderstedt / Germany